KB023511

아이 러브 유유

아이
러브
유유

사람을 살리는 약,
78년 유유제약 이야기

유승필 지음

학고재

차례

재무 담당 상무가 보내온 편지 한 통

This is my choice

1981년 어느 날이었다. 퇴근하고 집에 가니 한국에서 보내온 편지 한 통이 놓여 있었다. 보낸 사람은 유유제약 재무 담당 김흥한 상무였다. 회사에 오래 근무하셨으니 잘 아는 분이지만, 나와 개인적으로 편지를 주고받을 사이는 아니라 의아했다.

유승필 교수님께

안녕하십니까?

유유제약 재무 담당 김흥한 상무입니다.

교수님께 간곡히 드릴 말씀이 있어 편지를 씁니다.

지금 회사가 무척 위태로운 상황입니다.

몇 년 전 유유의 대표 상품인 〈비나폴로〉가 정부의
물가 통제 관리 품목이 되면서 회사가 가격을 관리할
수 없어졌습니다.

매년 원료 값은 오르는데 제품 가격을 조정할 수
없으니 회사 수익이 급감했습니다.

또 유유와 거래하던 도매상들이 부도가 나면서
회사는 심각한 자금난을 겪고 있습니다.

이런 상태로는 회사가 2~3년을 버티기 힘들 것
같습니다.

유독한 회장님 몸도 예전 같지 않으십니다.

회장님은 회사를 매각할 방법이 있는지 알아보라고
하셨습니다.

한편으로는 외부에서 전문 경영인을 영입해 회사를
맡기고 당신은 물러날 생각까지 하고 계십니다.

유한양행 유일한 회장님처럼 말입니다.

이런 상황이라면 유승필 교수님이 회사로 돌아오는
것이 가장 나은 방법이라 생각합니다.

유승필 교수님이 회사를 맡으셔서 유특한 회장님의
힘이 되어 주십시오.

유유제약을 사랑하는 중역들의 뜻을 모아 제가
대표로 편지를 보내는 것이니 부디 깊이 헤아려
주시고, 회사로 돌아와 주시기를 부탁드립니다.

1981년

김흥한 拜上

그때 나는 오랜 공부를 끝내고 미국 페이스 대학교 대학
원에서 조교수로 일하고 있었다. 학교 강의를 하면서 틈틈이
회사 일을 돕기도 했다. 미국에 있는 제약 회사를 찾아가서
우리 제품을 소개하거나 제휴를 타진했다. 미국과 연결할 수
있는 일들을 찾아 회사에 도움을 주려고 노력하고 있었다. 나
스스로를 미국 지사장이라 여기며 여기저기 뛰어다녔던 것
같다.

그러나 물리적으로 멀리 떨어져 있다 보니 회사 상황을 세세하게는 알지 못했다. 내가 한국을 떠나올 때 유유는 잇따라 히트 상품을 내놓으면서 급격한 상승세를 타고 있었다. 가끔 전화를 드리면 아버지는 늘 '괜찮다'며 자세한 말씀을 하지 않으셨기 때문에 이 정도로 어려워졌을 것이라고는 상상도 못 했다. 오죽 힘든 상황이면 재무 담당 상무가 회사를 걱정해 나에게 편지를 썼을까?

나는 미국 사회 구성원으로 자리를 잡아가면서도 '때가 되면 고국에 돌아가 한국을 위해 일을 한다'는 생각을 가지고 있었다. 큰아버지 유일한 회장, 아버지 유특한 회장 모두 외국에서 공부했고 그곳에서 좋은 기회가 있었지만 한국으로 돌아왔다. 그리고 한국의 경제 발전, 국민 건강을 위해 일생을 바쳤다. 그분들의 영향을 받은 나 역시 마음 깊은 곳에 '회사를 키우고 국가에 도움이 되는 일을 하겠다'는 의무감 같은 것을 가지고 있었다. 그것이 이렇게 급작스럽게 다가올 줄은 몰랐지만 말이다.

회사가 어렵다는데, 내가 필요하다는데, 더 망설일 것도 없었다. 미국에서 행복한 가정을 이루고 안정적인 생활을 누리고 있었지만 다른 선택이 없었다. 어렵게 공부해서 오른 교수 자리에도 미련이 없었다. 나는 인생에서 도전할 상황에 부딪치면 망설이거나 물러서지 않는다. 오히려 그런 순간에는 '내가 그동안 숱한 어려움을 이겨 냈는데, 이거 하나 해결 못 할까!' 하는 열정과 투지가 샘솟는 편이다.

위기의 순간에는 결정도 단호한 편이다. 한국에 연락해서 상황을 좀 더 알아보았다. 아버지의 의견, 회사 중역들의 생각을 듣고 마음을 정했다. 곧바로 미국 생활을 정리하기 시작했다. 사실 아내에게 자세한 상황을 이야기하지는 않았다. 괜히 아내에게 걱정을 끼치고 싶지 않았기 때문이다. 그즈음 현재는 독일 바이엘에 인수된 미국의 농업생물공학 기업 몬산토에서 한국 지점장을 맡아 달라는 제안을 받고 잠시 고민을 했다. 그 제안을 거절하고 대학을 선택하면서 아내는 가족 모두 미국에 좀 더 머물 것이라 생각하고 생활을 꾸려 갔다. 나를 따라 미국에 온 아내는 아이 둘을 키우며 겨우 생활에 익숙해져 있었다. 나의 급작스러운 결정을 아내는 아무 말 없이 따라 주었다. 아들 원상은 초등학교 2학년, 딸 경수는 세 살 아기였다.

나는 1963년, 서울고등학교 2학년 때 혼자 미국으로 유학을 갔다. 처음에는 영어를 제대로 못해서 힘들었고, 미국 가정에서 하숙을 할 때는 배가 고파 고생했다. 대학을 졸업하고 석사와 박사를 마칠 때까지는 공부에 나의 모든 에너지를 쏟았다. 고난도 있었지만 성취의 기쁨이 컸고, 명확한 목표가 있었기에 힘들지 않았다. 그러면서 일제 강점기와 6·25 전쟁을 겪은 가난한 나라의 학생이 풍요와 자유가 넘치는 미국 사회를 경험할 수 있는 것을 큰 행운으로 여겼다. 큰아버지와 아버지가 세계에서 가장 강한 나라, 미국에서 선진 학문을 배우며 마음껏 공부할 수 있는 기회를 주신 것에 늘 감사했다. 그간 쌓아온 학문, 열정, 노력, 경험을 한국에서 유유제약을 위해 아낌없이 써야 할 때가 다가왔다.

1982년 10월, 20년 조금 안 되는 미국 생활을 정리하고 한국으로 돌아왔다. 열일곱 살에 홀로 떠났던 까까머리 고등학생은 아내와 두 아이를 둔 서른여섯 살의 가장이 되었고, 컬럼비아 대학 경영학 박사 학위를 받은 학자로 성장해 있었다.

1장

크게 보고
넓게 생각하라

1 생전의 아버지
2 아버지는 어릴 때부터 회사에 나를 자주 데리고 다니셨다.
3 열일곱 살 미국 유학 직전
4 미국 유학을 앞두고 서울고 친구들과 공항에서 이별의 정을
  나누었다.
5 서울고등학교 시절 자전거를 타고 친구들과의 나들이

Korean Student Guest Of Scouts

Seung Pil Yu, Korean exchange student now attending the Waldorf School of Adelphi University, described his country Monday to members of Girl Scout Troop 1 and Boy Scout Troop 519 in the Community Presbyterian Church. Both troops are sponsored by the

6 월도프 고등학교 재학 시절, 지역 교회에서 걸스카우트, 보이스카우트 대원들에게 한국에 대해 설명하고 있다.

7 뉴욕의 공항에 나를 마중 나온 조실래 씨와 함께 조실래 씨 집 앞에서

8 처음 하숙집에 도착한 날이었던 것 같다. 왼쪽부터 듀프레이 부인의 아들 밥, 피에르, 듀프레이 부인, 나, 듀프레이 씨.

9 나는 월도프 스쿨 고등학교 2학년 과정에 들어갔다. 왼쪽이 도서관 건물이다.

SEUNG PIL YU

1, 2 1965년 고등학교 졸업 앨범
3 어릴 때부터 음악을 좋아했다. 바이올린도,
기타도 즐겼다. 글렌 브룩 캠프에서
4 1969년 5월 드디어 대학교 졸업식 날
아침이 밝았다.

Seung Pil,

Seungpil: Linguist...star soccer player...mathe-
matician...funny...superiority complex... "ugry"
..."Terrible"...the all-American boy.

Chorus; Special Chorus; Orchestra; Drama Club;
Extra Math; Discussion Group; Soccer.

"That which is beautiful is not always good, but
that which is good is always beautiful."

Ninon de Lenclos

5, 6 1979년 박사 학위 수여식
7 박사 학위 수여식에서 가족과 함께
8 아버지와 나

1 서너 살 무렵 부모님과 함께
2 초등학교 졸업식 때 어머니와 함께
3 거의 유일하게 남은 할아버지 사진.
  연길 할아버지 댁에서(1925년)
4 1963년 미국 유학 떠나기 직전
  모처럼 온 가족이 안양공장을
  찾았다.

5 크리스마스트리 앞에서 찍은 가족사진
6 유일한 박사 칠순 기념으로 남긴
   가족사진(1964년)
7 집 앞에 나란히 서신 부모님
8 테라스에 온 가족이 식탁에 둘러앉아

아버지의 한 마디

1963년 당시는 고등학생이 미국으로 유학을 가는 일은 무척 드물었지만 나에게는 그다지 특별한 일이 아니었다. 아홉 살에 미국으로 간 큰아버지, 열다섯 살에 일본 유학을 떠난 아버지를 보고 자랐기 때문이다. 큰고모 유선형은 평양에서 숭의학교를 졸업한 뒤 결혼을 하지 않았다면 중국에서 더 공부를 했을 것이고, 막내 고모 유순한은 미국 유학을 하셨다. 사촌들도 대부분 어린 나이에 외국에 가서 공부를 하고 있었다.

나의 외할아버지는 일본 교토의대에서 공부한 내과의로 고종 황제를 돌보던 궁중 의사로 일했다. 이런 환경에서 자라면서 나는 언젠가 다른 나라에 가서 공부하는 것을 당연한 일로 받아들였던 것 같다.

"미국에서 2년, 프랑스에서 2년, 독일에서 2년 공부해라. 큰 세상에서 앞선 문물을 익히면 앞으로 살아가는 데 도움이 될 것이다."

아버지는 유학을 추진하시면서 '미국뿐 아니라 유럽까지 경험해서 국제적인 학식을 높이고 견문을 넓히라'는 주문을 하셨다. 당시는 한국 사람이 미국 비자를 받기가 무척이나 까다로웠다. 특별한 사유가 없으면 정치인, 기업인도 비자를 받기 어려웠다. 나는 미국과 교류가 깊은 큰아버지 유일한 회장의 보증으로 수월하게 미국 비자를 받을 수 있었다.

언젠가는 미국에 간다는 마음을 늘 가지고 있었기 때문인지 중·고등학교 때부터 영어 공부를 꽤 열심히 했다. 내가 다니던 서울고는 신흥 명문고였다. 교육열이 높은 사람들이 설립한 학교라 우수한 학생들이 많이 입학했다. 한번은 학생 한 명이 말썽을 부리고 도망을 쳤는데, 교장이셨던 김원규 선생님이 그 학생을 잡으려고 뒤쫓아 가다가 다리가 부러진 웃지 못할 일도 있었다고 들었다. 그만큼 교사들의 열정이 뜨거웠고, 면학 분위기가 좋았다.

나는 교내에서 실시한 영어웅변대회에 나가기도 했다. 그때 나와 같은 반에서 영어 실력을 겨루던 경쟁자가 구본영 전(前) 대통령 경제수석비서관, 유명환 전 외교통상부 장관이다. 한동안은 '코알라클럽'이라는 서클 활동을 열심히 했다. 서울고와 이화여고 학생들이 연합하여 호주 원어민의 지도를 받는 영어 학습 동아리였다. 서클 활동을 하면서 교과서 영어가 아닌, 영어를 모국어로 쓰는 현지인의 언어 감각을 조금은 익힐 수 있었다.

1963년 프로펠러 비행기를 타고 알래스카에 내렸다. 한나절을 기다려 다시 노스웨스트 오리엔트(지금의 '델타항공') 국내선으로 갈아타고 미국 뉴욕에 도착했다. 지금은 직항으로 열 시간 남짓이면 도착하는 거리를 그때는 24시간이 넘게 걸렸던 것 같다. 뉴욕의 공항에 도착하니 한때 유유제약에 근무했던 이항렬 씨의 친구 조실래 씨가 나를 마중했다. 이항렬 씨는 이모부의 동생이다. 아버지가 미리 부탁을 해 놓아 친구분이 공항에 마중을 나오셨고, 하숙집까지 나를 데려다주셨다.

나는 듀프레이 부인 집에서 하숙을 했다. 듀프레이 부인은 프랑스 출신으로 내가 다닐 고등학교의 초등 과정 교사였다. 부인의 아들이 프린스턴 대학에 진학하면서 비운 방을 내가 사용했다. 듀프레이 부인은 학교에 출근할 때 나를 차에 태워 갔다.

　미국 뉴욕은 내가 살던 대한민국 서울과는 완전히 다른 세상이었다. 우리나라는 1인당 국민소득이 104달러였고 외화를 벌기 위해 독일에 광부와 간호사를 파견하는 가난한 나라였다. 케네디가 암살당하고 존슨 대통령이 집권해 있던 미국은 '전성기(heyday)'라 할 만한 경제 호황을 누리고 있었다. 강력한 리더십과 국민적 지지를 기반으로 존슨 대통령은 정부 지출을 늘리고 세금을 삭감하는 강력한 경제성장책을 펼쳤다. 미국은 풍요로웠고 사람들은 여유가 넘쳐났다. 내가 미국에 가서 처음 놀란 것은 집집마다 난방을 마음껏 해서 한겨울에도 반소매 차림으로 생활을 하는 점이었다. 사우디아라비아에서 석유를 값싸게 수입해 오기 때문에 가능한 일이었다. 장작을 패서 나무를 때거나 연탄을 사용하며 겨우내 추위에 떨던 서울의 풍경과는 너무 달라서 깜짝 놀랐던 기억이 난다.

　나는 가든 시티의 월도프 스쿨 고등학교 2학년 과정에 들어갔다. 한국에서 고2 과정을 공부하다 왔는데, 미국은 9월부터 새 학기를 시작하는 바람에 나는 고등학교 2학년 과정을 두 번 다녔다. 처음에는 영어가 가장 어려웠다. 한국에서 나름 준비를 했고, 영어 잘한다는 소리도 들었으나 현지에서 부딪치니 그저 의사소통이 가능한 정도였다. 특히 문학 시간이 힘들었다. 영어로 된 소설, 시, 논문을 읽고 자기 생각을 말해야 하는데 그때 내 실력은 그 정도에 이르지 못했다. 교장 선생님이 《노인과 바다》, 《무기여 잘 있거라》를 쓴 헤밍웨이의 처남이었다. 그래서인지 문학 작품 읽기가 다른 학교보다 더 많았다. 미국 애들처럼 이해하려면 나는 몇 배나 많은 시간과 노력을 들여야 했다.

그렇다고 주눅 들거나 의기소침하지는 않았다. 그곳에서 혼자 생활하면서 '내가 이 정도에 힘들다고 포기할 수는 없지! 나는 해낼 수 있어!'라며 스스로를 다독였다.

몇 달 생활을 하면서 귀가 열리기 시작했고 영어도 제법 많이 늘었다. 내가 학교에 적응하는 데 결정적인 역할을 한 것이 두 가지 있다. 하나는 축구였다. 미국 애들은 미식축구(football)는 많이 하지만 축구(soccer)는 자주 하지 않아 익숙하지 않다. 헝가리 출신 체육 선생님은 수업 시간에 축구를 많이 시켰다. 나는 센터 포워드 역할을 맡았다. 스피드가 있고 공격력이 좋았던 나는 시합 때마다 골을 넣었다. 우리 팀이 승리하자 한 여학생이 "네 다리는 백만 불짜리"라고 칭찬을 해 주어서 며칠 동안 얼마나 기분이 좋았는지 모른다.

이런 경험을 통해 나는 아이들이 어릴 때 반드시 운동을 시켜야 한다는 생각을 갖게 되었다. 내가 축구를 하면서 몸을 건강하게 단련시켰을 뿐 아니라 공정한 규칙을 지키는 정신을 익혔기 때문이다. 어릴 때의 운동 경험은 평생 자산이 될 강인한 정신력을 키우는 데 매우 유용한 수단이다.

또 하나는 수학 과목이었다. 미국 고등학교 수학 교과서는 한국의 중학교 수준이었다. 나는 한국에서 고2 수학까지 배우고 갔으니 본의 아니게 선행 학습을 한 셈이다. 내가 수학 문제를 풀면 옆에 있던 친구들 입이 떡 벌어지면서 "너는 수학 천재야!"라고 했다. 그 덕분에 선생님과 친구 들에게 인정을 받으면서 미국 생활이 즐거워졌다.

생각해 보면 열일곱 살 어린 나이에 혼자 미국에 가서 그 생활을 어떻게 견디어 냈는지 신기하다. 동양인이라곤 한 명도 없었는데 말이다. 사실 아홉 살에 미국에 가신 큰아버지, 열다섯 살에 일본에 건너간 아버지를 생각하면 나는 다 커서 간 것이라 힘들다는 생각조차 하지 못했다. 그저 빨리 적응하고, 열심히 공부하는 것이 내 할 일이라고 여겼다.

우리 집안에는 앞서 생각하고 행동하는 '개척자 DNA'가 있다. 내 안에도 분명 그런 유전자가 있는 것 같다. 비록 열일곱 살이었지만 나는 부모님께 의존하지 않는 독립심이 있었고, 어려움을 극복하겠다는 목적이 뚜렷했다. '한국에서 부모님과 함께 편하게 살 수 있는데 내가 왜 이렇게 힘들게 고생하면서 미국에 있나?'라고 생각했으면 그 시절을 이겨 내지 못했을 것이다.

나에게 미국행은 새로운 세상에 대한 도전이었다. 그때의 고생과 극복의 경험이 지금의 나를 만들었다. 세상을 크고 넓게 보는 법을 미국에서 생활하면서 배웠다. 우리나라 안에만 머물지 않고, 세계적인 움직임을 읽는 습관이 훗날 경영을 하는 데 큰 도움이 되었다.

몇 해 전에 고등학교 때 친구들과 연락이 닿아 미국에서 다시 만났다. 50여 년 만에 학교를 방문해 친구들과 이야기를 나누다 보니 어느새 십 대 시절로 돌아가 있었다. 오랜만에 모교에 가니 그 시절 내가 마음속에 품었던 말이 떠올랐다. 내가 미국으로 떠날 때 아버지가 다시 한 번 해 주신 말씀이다. 일본 홋카이도 대학교(당시는 '삿포로 농학교') 설립자인 선교사가 삿포로를 떠날 때 학생들에게 남긴 말("Boys, be ambitious!")이라며 아버지는 내게 자주 말씀을 하셨다.

"Young man, be ambitious!"

지금도 나는 이 말을 들으면 설렌다. 열일곱 살 소년이 한국에서의 안락한 삶을 뒤로하고 미국에 가서 스스로의 삶을 개척했던 그 용기면 세상에서 못 해낼 일이 없을 것만 같

다. 나는 이 말을 생각하며 새로운 일에 도전했고, 이 말을 여
전히 실천하며 살고 있다.

내 멋대로 산다고
누가 뭐라 하나

일본어에 '마지메(まじめ)'라는 말이 있다. 한자로는 '眞面目', 우리 한자음으로 읽으면 '진면목'인데 뜻은 우리와 조금 다르다. 일본말 마지메는 진지함, 성실함, 진정성을 뜻한다. 나의 미국 생활은 한마디로 '마지메'였다. 이후에 교수, 경영자로 살면서도 내가 하는 일, 마주한 상황에 늘 진지하고 성실하게 임했다. 내 삶의 태도를 가장 잘 설명할 수 있는 단어가 '마지메'다.

아는 사람 하나 없는 미국에서 내 멋대로 산다고 누가 뭐라고 했겠는가? 하지만 나는 미국에서도 부모님께 부끄러운 행동을 하지 않으려고 무던히 노력하며 살았다. 학교에서는 수업 시간에 흐트러짐 없이 공부를 했다. 주말에는 한 주 동안 배운 것을 완벽하게 복습하고, 다음 주 교과를 예습하면서 시간을 보냈다. 토요일 아침이면 작은 하숙방을 깨끗하게 청소했다. 방을 청결한 상태로 만들어 놓으면 내 마음이 정갈해졌다.

친구들과 어울려 놀러 다니거나 시간을 허비하지도 않았다. 한번은 어느 여학생이 나를 자기 집에 초대했다. 그 여학생이 보이스카우트인 나에게 걸스카우트 모임에서 한국과 한국 문화를 소개해 달라고 해서 참석한 적이 있었다.

"지난번에 네가 한국에 대해 이야기해 준 것이 무척 재미있었어. 토요일에 우리 집에서 걸스카우트 친구 몇 명이 모일 거야. 네 친구 스티브도 오니까 너도 와. 맛있는 음식 먹고, 함께 놀자!"

"나는 못 가. 너희들끼리 재미있게 놀아. 주말에는 공부도 하고 청소를 해야 하거든."

그때는 모범생을 넘어 고지식한 면이 있었던 것 같다. 여학생이 친절하게 자기 집에 초대를 해 주었는데 그것을 왜 싫다고 거절했을까? 정말 주말에 해야 할 공부와 청소를 빼먹고 싶지 않아서 그랬다.

일요일에 공부와 청소를 끝내고 나면 더 이상 할 일이 없었다. 친구를 만나 놀기도 마땅치 않은 일요일 오후쯤이었다. 그때부터 종이를 펼쳐 놓고 부모님께 편지를 쓰기 시작했다. 한 주 동안 무슨 공부를 했고, 어떤 일이 있었는지를 소상하게 적었다. 어떤 음식을 먹었는데 맛이 어땠고, 친구랑 무엇을 하면서 놀았는지를 보고서처럼 썼다. 아버지와 어머니가 미국에 있는 아들 걱정 없이 안심하실 수 있도록 가능한 한 세세하게 내 생활을 썼다. 그렇게 편지를 쓰다 보면 두세 시간이 훌쩍 지나고 보람 있게 하루를 마칠 수 있었다. 미국에서 대학을 졸업할 때까지 7년 넘게, 매주 부모님께 편지를 보냈다. 한번 하겠다고 마음먹은 일은 끝까지, 성실하게 실행하며 살았다.

미국에서 좋은 사람들도 만났다. 뉴욕을 통틀어 한국 사람은 한 오십 명쯤 살았다. 대부분의 미국인은 한국이 어디에 있는 나라인지도 몰랐다. 내가 지나가면 동양인이라고 쳐다보기도 하고, 인종 차별적인 발언을 하는 사람도 있었다. 그래도 내 생활을 지켜본 주변 어른들은 한국인 학생을 존중해주었고, 그 덕분에 자신감을 갖고 생활할 수 있었다.

어느 날인가는 친구 스티브의 어머니가 나를 집으로 초대했다. 스티브한테 이야기를 듣고 내가 궁금하셨다고 한다. 스티브의 집에 갔더니 어머니는 음식을 해 주시면서 "우리 집에 와서 스티브와 놀아라" 하셨다. 어머니는 내가 퍽 마음에 드셨던 모양이다. 딱히 갈 곳 없던 나는 그 뒤로 스티브 집에 자주 놀러 갔다. 추수감사절에도, 부활절에도 갔다. 스티브네는 유대인이어서 가족 간 우애가 돈독했다. 그리고 매주 금요일 할머니 댁을 찾았는데, 나도 가서 스티브의 할머니와 함께 생선국을 먹은 기억이 난다. 영어 교사였던 스티브의 어머니는 고급 영어도 가르쳐 주셨다.

얼마 전 미국에 갔을 때 스티브의 가족을 수소문했다. 고등학교 졸업 이후 처음 만나는 거였다. 그 사이 스티브는 세상을 떠났고 연로하신 어머니만 살아 계셨다. 스티브는 머리가 좋았으나 돌출된 행동을 많이 했던가 보다. 성인이 된 이후에 마약에 손을 댔고 방탕하게 살다가 이른 나이에 세상을 떠났다.

1965년 미국에서는 존슨 대통령이 '위대한 사회(Great Society)'를 만들겠다며 '가난과의 전쟁'을 선포했다. 가난한 사람들에게 직업 훈련의 기회를 주고 주택 빌릴 돈을 국가가 보조해 주었다. 형편이 어려운 사람들에게 의료비를 지원해 주기도 했다. 정부의 돈이 풀리면서 미국 사회는 풍요롭다 못해 흥청망청한 지경에 이르렀다. 이에 대한 반발로 히피, 이피 문화가 크게 유행했는데, 아마 스티브도 그런 영향을 받은 것이 아닌가 싶다.

미국 생활이 늘 좋기만 한 것은 아니었다. 한창 식욕이 왕성할 시기인 데다 나는 방과 후에 축구를 했기 때문에 늘 배가 고팠다. 배가 고파도 밖에서 마음껏 음식을 사먹을 수 있는 형편은 못 되었다. 아버지는 상당히 경제적 여유가 있으셨을 텐데도 아들에게 항상 빠듯하게 생활비를 보내 주셨다. 나도 '돈이 부족하니 더 보내 달라'는 말을 하지 않았다. 아버지가 보내 주신 용돈으로 아끼고, 참으면서 살았다.

하숙집 주인은 내 앞에 햄버거 하나나 샐러드 한 접시를 놓고는 식사를 끝냈다. 자기들은 다이어트를 한다면서 음식을 순식간에 먹고 싹 치워 버렸다. 그것만으로는 배가 차지 않았지만 부끄러워서 음식을 더 달라고 말도 못 하겠고, 남의 냉장고를 함부로 열어 음식을 꺼내 먹을 수도 없었다. 그래서 자전거를 타고 나가 초콜릿을 사서 서랍에 숨겨 놓고 배고플 때 몰래 하나씩 꺼내 먹었다. 그러던 어느 날 초콜릿을 먹으려고 서랍을 열었는데 초콜릿이 하나도 없었다. 깜짝 놀라 알아보니 하숙집 막내아들이 내 서랍을 뒤져 다 꺼내 먹은 것이다. 그때 어찌나 속상하고, 그 녀석이 얄밉던지….

미국 생활은 생각보다 빨리 적응할 수 있었다. 내가 성실하게 생활했기 때문인지 선생님이나 이웃 어른 들이 예뻐해 주셨다. 어린 학생이 낯선 나라에 와서 열심히 사는 모습이 기특해 보였나 보다. 나 역시 그분들의 기대에 어긋나지 않으려고 최선을 다했다.

고등학교를 졸업하고 대학을 수소문해 하이델버그 칼리지(지금의 '하이델버그 대학교')를 찾았다. 오하이오 하이델버그 칼리지에서 수학과 경제학을 전공하면서 대학 생활에 익숙해질 무렵 내 앞에는 새로운 도전이 다가왔다. 고국을 떠날 때 아버지와 한 약속을 지키는 것이다. '미국에서 2년, 프랑스에서 2년, 독일에서 2년 공부하면서 세상의 문물을 익힌다'는 약속이다.

나는 1967년 독일로 가 하이델베르크 대학에 등록했다. 독일은 미국하고 많이 달랐다. 학교 편제도 달랐고, 이미 선진 복지국가로 가고 있었다. 대학 학비를 정부가 보조해 주었고, 일정 금액만 내면 전철을 마음껏 탈 수 있는 학생용 교통 카드가 있었다. 독일에 도착해 보니 이번에도 서툰 언어가 제일 문제였다. 서울고를 다닐 때 제2 외국어로 독일어 기초 공부를 했고, 월도프 스쿨에서도 독일 선생한테 배우기는 했으나 대학 공부를 할 정도의 실력은 아니었다. 미국에 와서 4년 동안 열심히 공부해서 불편함 없을 정도로 영어를 익혔는데, 다시 처음부터 독일어를 배워야 할 처지였다. '처음부터 배우면 되지 뭐! 영어도 그렇게 배웠는데 독일어라고 못할 것은 무엇인가?'라고 생각하며 독일어 공부를 시작했다.

그즈음 독일에서 '동백림 사건'이 일어났다. 중앙정보부가 "유럽의 유학생과 교민 들이 동베를린 주재 북한대사관을 방문하고 평양을 왕래하면서 간첩 행위를 했다"라고 발표를 했다. 이 일로 독일을 포함한 유럽 교민 사회가 발칵 뒤집혔다. 화가 이응로, 작곡가 윤이상 등이 이 사건에 연루되어 조사를 받았다. 독일, 프랑스에 있던 유학생들과 교민들이 마구잡이로 강제 연행되었다. 이 때문에 한국과 독일 사이에 외교 마찰까지 빚어졌다. 유학생, 교포 사회가 시끄러워지면서 독일에 남아 공부하기가 힘들어졌다. 결국 나는 6개월 만에 독일을 떠나야만 했다. 영국 옥스퍼드나 케임브리지로 갈 생각도 잠시 했지만, 미국에서 하던 대학 공부를 마치는 것이 낫겠다 싶어 오하이오주로 돌아갔다.

그때 조금 더 머물렀더라면 독일어를 마스터할 수 있었을 텐데 그러지 못했다. 잠깐 동안 독일에 있으며 독일어로 대화도 하고 가벼운 책을 읽는 수준까지 올랐는데, 그 뒤로 사용하지 않아 지금은 거의 잊어버렸다. 독일에서 자란 사위와 가끔 독일어로 이야기하면서 그때의 기억을 떠올려 보는 정도다.

학창 시절 나는 성실했고, 진지했으며, 진심을 다했다. 누가 나에게 강요한 것은 아니지만 스스로 성실하게 사는 인생을 선택했다. 위기의 순간이 왔을 때도 성실하게 최선을 다해 하나씩 해결해 나갔다.

미래를 살아갈 젊은이들에게 나처럼 살라고 하는 이야기는 아니다. 나는 성실성과 진지함을 가장 소중한 가치로 지켜왔다. 앞으로는 창의성, 유연성, 융합 사고력, 통찰력이 더 유용한 가치일 것이다. 다만 시대가 아무리 바뀌어도 자신의 삶에 성심과 진심을 다한다면 과정은 때로 힘들 수 있어도 반드시 원하는 목표에 도달할 수 있다는 조언을 해 주고 싶다.

나는 나중에 경영도 성실하게 했다. 유행하는 업종이라고 따라 하거나, 무리하게 빚을 내서 사업을 확장하지 않았다. 내가 가장 잘 아는 분야인 제약과 건강 관련 사업에 집중하면서 진심을 다해, 성실하게 경영을 했다. 이런 나의 노력으로 78년 된 유유제약이 100년, 200년 영속할 건강한 뿌리를 내렸길 바란다.

'대충'은 없다

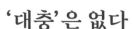

1963년에 떠나서 처음으로 한국에 돌아온 것은 1972년이었다. 무려 9년 만이었다. 지금과 달리 그때는 비자 문제가 걸려 있어 서울과 뉴욕을 오가는 일이 쉽지 않았다. 그렇더라도 한 두 번쯤 들어올 만도 했는데 나는 공부라는 미션을 달성하느라 한국에 들어갈 생각을 한 번도 하지 않았다. 서울과 뉴욕이 쉽게 이동할 거리도 아니었지만 그 무엇보다 한 치의 여유도 없이 살았기 때문이다.

대학원을 마칠 무렵 나는 몹시 지쳐 있었다. 미국에서 한시도 쉬지 않고 공부만 하다 보니 힘이 들었다. 대학원에서 너무 많은 에너지를 소진한 탓인지도 모르겠다. 1969년 컬럼비아 대학 경영대학원에 입학했다. 남들은 4, 5학기에 나눠하는 공부를 나는 16개월 만에 끝내 버렸다. 다른 학생들이 한 학기에 네다섯 과목을 들을 때 나는 여섯 과목씩 수강을 했기 때문이다.

대학원 생활은 아침에 일어나 해 뜨면 학교에 가서 별을 보며 도서관에서 나오는 일상의 반복이었다. 뉴욕 북쪽 컬럼비아 대학 근처에는 할렘이 있어서 거지나 노숙자가 많았다. 늦은 시각 학교 앞 길거리에서 구걸하고 있는 그들에게 주머니에 있는 동전을 던져 주고 터덜터덜 집으로 돌아간 기억이 난다. 그렇게 도시의 어둠을 목격하며 석사 과정을 마쳤다.

1971년 2월 MBA를 끝내고 나니 내 안의 모든 에너지가 사라진 느낌이었다. 맨해튼이 새삼스레 지저분하게 보였고, 지쳐서 공부고 뭐고 다 귀찮게 느껴졌다. 그래서 뉴욕을 탈출해 캘리포니아로 갔다. 그러곤 캘리포니아 대학교 샌타바버라 캠퍼스에서 경제학 박사 과정에 등록했다. 어둑한 뉴욕과 달리 샌타바버라는 천국이었다. 1년 내내 따사로운 날씨, 그림 같은 바다가 공부에 지친 마음을 달래 주었다. 해안가를 따라 자전거를 타고, 수영을 했다. 살면서 처음 느껴 보는 여유였다. 그러나 천국의 나날은 오래가지 못했다. 내가 캘리포니아에 있다는 것을 안 어머니가 한국으로 오라는 명령을 내리셨다.

한국에 왔을 때 나의 미래는 몹시 불안정했다. 공부에는 지쳐 있어서 박사 공부를 계속할지 말지 정하지 못했다. 회사에 들어가야 할지도 고민했다. 공부는 많이 했지만 모든 것이 불확실하고 모호한, 방황하는 이십 대였다. 그렇다고 무기력하게 시간만 보내기는 싫었다. 내가 살아 온 방식과도 달랐다. 무엇이라도 의미 있는 일을 해야겠다고 생각하고 무작정 서강대, 경희대 학과장을 찾아갔다. 인사를 하고 일단 이력서를 내밀었다. 미국 컬럼비아 MBA 출신이라는 경력 덕분인지 흔쾌히 강사 자리를 얻을 수 있었다. 1년 정도 서강대, 경희대 경영학과에서 경영학과 통계학을 가르쳤다. 학교 선후배나 아버지에게 부탁을 했으면 훨씬 수월하게 대학 강사 자리를 얻었을지도 모르겠다. 그러나 나는 그렇게 하는 것이 체질적으로 맞지 않는다. 매 순간 정면 돌파를 해서, 정당하게 경쟁하는 것이 내가 살아가는 방식이다. 미국에서 오래 생활하면서 터득한 실용 정신과 우리 집안 대대로 전해 내려온 정의감이 몸에 밴 탓도 있다. 그때 서강대에서 나를 기용해 주신 분이 경영학과에 재직하셨던 고(故) 황일청 교수님이시다.

시간 강사였지만 강의 내용과 형식 모두 철저하게 준비했다. 학문을 하는 사람에게 '대충'은 없다. 서강대에서는 한 학기에 세 번 이상 결석을 하면 무조건 F학점을 주었다. 나중에 학생들이 찾아와 사정해도 소용없었다. 학문의 기본은 성실함이다. 그 때문에 학생들 사이에서는 '깐깐한 교수'라는 소문이 돌기도 했다.

힘들다고, 어려운 상황이라고 아무것도 하지 않으면 사람은 더욱 나약해진다. 그럴 때는 자신이 가장 좋아하는 일, 잘하는 일을 하면서 충전의 시간을 갖는 것이 좋다. 나는 강의를 하면서 소모되었던 열정을 만들어 냈다. 학생들을 가르치다 보니 미국에 가서 공부를 더 해야겠다는 의욕이 생겼다. 학생들에게 지식을 전달했던 그 1년은 오히려 내가 더 많은 것을 배운 시간이었다.

한국에 있는 동안 어머니가 준비한 맞선을 보고 결혼을 했고 아내와 함께 미국으로 다시 갔다. 이제 진짜 학문에 승부를 걸어야 할 차례였다. 박사 학위 공부를 위해 컬럼비아 대학에 다시 갔다. 그때까지 컬럼비아 대학 박사과정에는 한국인 학생이 한 명도 없었다. 내가 한국인 1호 학생이었다. 초기에는 교수들을 쫓아다니면서, 물어 가며 공부를 했다. 석사 과정에서 공부했던 재무 관리(Corporate Finance)를 나중에 박사 과정에서 국제 재무(International Finance)로 확대, 심화하여 학위를 받았다. 그때가 1979년이었다.

컬럼비아 대학 경영학 박사 학위 한국인 1호였다. 내가 학위를 받은 뒤로 경영학 박사 과정에 들어오는 사람들이 부쩍 늘었다. 나 다음으로 컬럼비아 대학에서 박사 학위를 받은 학생이 고려대 총장을 지낸 이필상 교수다.

내가 박사 학위 과정을 끝낼 때쯤 정운찬 박사가 컬럼비아 대학 경영학과 교수로 부임했다. 나중에 서울대 총장, 국무총리를 지낸 정운찬 박사는 그때 프린스턴 대학에서 박사 학위를 받고, 컬럼비아 대학교 대학원에서 교수 생활을 시작했다. 정운찬 박사는 나와 연배가 비슷해 친구로 지냈고, 부인은 나의 아내와 초·중·고, 대학까지 같이 다닌 가까운 사이였다. 정운찬 박사와 이웃해 살면서 자주 교류했다. 정 박사의 첫아이 탄생을 축하하는 베이비샤워 파티를 우리 집에서 해 주었다. 눈이 아주 많이 내린 겨울날이었는데, 베이비샤워를 하는 동안 온 동네가 정전이 되어 버렸다. 눈이 많이 쌓여 차로 이동하기도 어려웠다. 전기가 나가 난방을 할 수 없는 상황에서 집 안에 있는 모든 이불을 꺼내 와서 아기에게 덮어 주고, 어른들도 이불을 뒤집어쓰고 덜덜 떨면서 겨울밤

을 보낸 추억도 있다. 정운찬 박사는 아들 원상의 결혼식 주
례를 서 주기도 했다.

컬럼비아 대학 박사 학위 과정에 있으면서 재미있는 시
도를 해볼 기회도 있었다. 컬럼비아 대학 최고 경영자 연수반
에 들어가 조교로 일을 했다. 미국 뉴욕 주지사를 지낸 해리
먼이 뉴욕 인근 아든 하우스를 컬럼비아 대학에 기부했다. 손
님방만 100개쯤 되는 엄청난 규모의 저택이었다. 이곳에서
경영자 과정을 운영했다. 현직 경영자를 위한 경영학 재교육
과정이다. 참가자는 주로 미국 대기업이나 글로벌 기업에서
CEO, CFO로 일하는 책임자들이었다.

8주 동안 별장에서 숙식을 하면서 책을 읽고 발표를 했
다. 2, 3년 걸리는 MBA 과정을 8주 동안 압축적으로 끝내는
커리큘럼이었다. 저녁에는 와인도 마시면서 네트워크를 쌓
았다. 학습의 양은 무척 많았다. 시험도 어렵게 내서 통과하
기가 쉽지 않도록 운영했다. 이렇게 두 달을 생활하면 엄청난
양의 책을 읽는 것은 물론이고, 최신 경영학 이론 대부분을
섭렵할 수 있게 된다. 숙식을 함께한 학생들끼리는 서로 끈끈
한 관계로 엮인다. 나 역시 이때 만났던 학생 몇 명과 지금까
지 교류를 하고 있다. 얼마 전에는 일본에서 옛 제자들을 만
나 추억을 이야기하며 즐거운 시간을 가졌다.

현직 기업가들을 위한 경영학 재교육 과정은 색다른 커리큘럼으로 새로운 지식을 익힐 수 있고, 경영자들의 네트워크 향상에 도움이 된다는 소문이 나면서 꽤 인기가 있었다. 나는 교수님의 조교로서 현직 경영자들의 생각, 산업의 흐름을 익힐 수 있었다. 1990년대 이후 우리나라에도 대학마다 최고 경영자 과정이 개설되고, 경영자 대상의 독서 토론 프로그램이 생겼는데, 그 원조가 바로 컬럼비아 대학 최고 경영자 과정이 아닌가 생각한다.

박사 학위까지 딴 나는 비로소 미션을 완료한 사람처럼 마음이 홀가분했다. 미국에 와서 늘 쫓기듯 공부했고, 뭔가 이뤄야 한다는 압박감 속에 살았다. 석사 과정 때와 비교할 수 없을 만큼 강도 높게 공부를 했지만 예전과 달리 즐기면서 공부를 했다.

박사 학위를 받은 뒤에는 장면 총리의 모교인 포드햄 대학교 등에서 조교수를 하다 페이스 대학교 대학원에 자리를 잡았다. 그사이 아이들이 태어나면서 가정은 더없이 평화로웠다. 미국 영주권까지 받아 심리적으로 안정된 채 일에 집중할 수 있었다. 학자로서 새로운 목표를 세우고 강의를 준비했다. 늘 공부할 수 있는 직업이 좋았고, 나의 학문이 나날이 발전하는 것을 확인하면서 행복했다. 박사 학위를 딴 뒤 교수

로 일했던 3년여의 시간은 내 인생에서 가장 빛나는 시절이
었다.

1장. 크게 보고 넓게 생각하라

경상도 말씨를 쓰는
서울 토박이

캘리포니아에 있을 때 어머니가 나에게 한국에 들어오라고 하신 데는 결혼 문제도 걸려 있었다. 공부하느라 결혼은 관심 밖이었으나 내 나이가 벌써 스물일곱이었다. 한국에 들어오니 어머니는 내 맞선을 준비해 놓으셨다. 내가 들어오기 얼마 전 어머니는 시장에 갔다가 우연히 아는 분을 만났다고 한다. 그때 "미국에서 공부하는 아들이 곧 한국에 와요. 이번에 오면 결혼을 시킬 계획이에요"라고 말씀을 하신 모양이다.

어머니 지인은 "우리 딸이 대학 졸업반인데, 선을 보면 어떨까요?" 하여 서로 말이 통했다. 그 자리에서 맞선 약속이 잡혔다. 시장에서 만난 어머니의 지인이 바로 지금의 장모님이시다.

어머니들끼리도 잘 아는 사이지만, 그 집 둘째 아들 윤영섭 박사는 나와 서울사대부설초등학교 동기 동창이다. 초등학교 5학년 때 나는 혜화동 집에서 을지로에 있는 학교까지 전차를 타고 다녔다. 돈암동이 집인 윤 박사와 나는 전차에서 만나 같이 등·하교를 했다. 학교를 마치고 우리 집에 와서 같이 놀기도 하고 그 친구 집에 가서 야구를 하면서 놀기도 했다. 윤 박사에게 여동생이 있었는지는 잘 기억이 나지 않는다. 그때 친구 집은 현관에서 가까운 방을 아들들이 쓰고, 여동생은 안방과 가까운 안쪽에 있는 방을 썼다. 장인어른이 보수적인 분이라 딸은 아무나 드나들지 못하도록 안방과 가까운 가장 깊숙한 방을 쓰게 했다고 한다. 그 때문에 아내와 나는 어린 시절에는 마주친 일이 없었다. 나중에 고려대 부총장을 지낸 친구 윤영섭의 여동생이 나의 아내 윤명숙이다.

첫 만남은 아내의 집에서였다. 지금의 장인, 장모님이 나를 집으로 초대하셨다. 나와 아내의 맞선을 위해 장모님이 마련한 자리였다. 윤영섭 박사는 미국 유학 중이라 참석하지 못했다. 그 자리에서 아내를 처음 만났지만 친구의 여동생이라 그런지 낯설지가 않았다. 아직 어린 티가 그대로인 여학생이 수줍게 웃는 모습이 좋았다.

그때 아내는 나를 처음 보고 '경상도 사람인가?' 생각했다고 한다. 대학원 기간 동안 어찌나 앞만 보고 달렸는지 나는 한국말을 거의 잊어 가고 있었다. 부모님께 편지를 쓸 때 말고는 7, 8년 동안 한국말을 쓰지 않았더니 말하기 능력이 현저히 줄었다. 그때 컬럼비아 대학 MBA 과정에 부산 출신 김형모 씨가 있었다. 그분을 만나 한국말로 이야기하면서 잊었던 한국말이 조금씩 되살아났다. 몇 년을 그 사람하고만 한국어로 대화를 하다 보니 어느새 나는 그 사람의 부산 사투리와 억양을 그대로 따라 하게 되었다. 서울에서 나고 자란 내가 한국말을 할 때 경상도 사투리를 쓰는 우스운 상황이었다. 그러니 아내가 나를 '경상도 사람'이라고 생각할 만도 했다.

선을 보고 나서 본격적으로 데이트를 시작했다. 미술을 전공한 아내와 예술에 관심이 많은 나는 말이 잘 통했다. 서울대학교 응용미술학과에서 도자기를 전공하는 아내의 작업실을 찾아간 적이 있다. 평소 깔끔하고 세련된 차림이던 아내가 앞치마를 두르고 흙먼지를 뒤집어쓴 채 나를 맞아서 적잖이 당황하기도 했다.

어느 날에는 명동 길을 걷다가 로얄호텔에 들어가 함박 스테이크를 사 먹었다. 둘 사이가 아주 가까워지기 전이었는데, 나는 평소처럼 접시에 담긴 음식을 남김없이 깨끗이 비웠다. 아내는 아직 어려워서 그날 식사도 잘 못했는데, 아랑곳 않고 소스까지 싹싹 긁어 함박스테이크를 먹는 내 모습이 우습기도 하고 또 좋기도 했단다.

아내의 친구들을 만나서 '간첩'으로 오인받은 적도 있다. 그 당시 한국에서는 프랑스 배우 알랭 들롱이 큰 인기였다. 미남의 대명사로 젊은 여성들에게 선망의 대상이었다. 아내의 친구들이 알랭 들롱 이야기를 하는데 나는 아내에게 '그 사람이 누구냐?'고 물었다. 공부만 하느라 한국 상황을 전혀 몰랐고 프랑스 영화를 본 적이 없는 나는 정말 알랭 들롱이 누군지 몰랐다. 아내의 친구들은 '어떻게 알랭 들롱을 모를 수 있냐?'며 '혹시 간첩 아니냐?'고 웃었다.

서로 호감이 있음을 확인하고, 양가 부모님마저 며느릿감·사윗감으로 우리를 마음에 들어 하시면서 결혼은 일사천리로 진행되었다. 9월에 만나 12월에 약혼을 하고 이듬해인 1973년 3월 20일 결혼을 했다.

결혼식을 올린 후 미국에 가기 전까지 두 달 남짓 장충동 집에서 생활을 했다. 그때 집안일을 하는 도우미들이 있었는데도 어머니는 꼭 아내를 불러 청소를 시키셨다. 청소 한 번, 밥 한 번 짓지 않고 졸업하자마자 결혼한 아내의 서투른 가사 솜씨를 보면서 어머니는 "책가방 들다가 시집왔는데 뭘 할 수 있겠니?"라며 웃으셨다.

결혼 후 미국으로 갈 때 아내는 나름 꿈도 있었을 것이다. 아내의 형제들은 아내만 빼고 다들 미국에서 유학을 했다. 아내도 세계 예술의 중심 뉴욕에서 생활하면 미술 공부를 더 할 수 있으리라 기대를 했던 것 같다. 그런데 현실은 그렇게 녹록하지 않았다. 아이 둘을 낳아 기르면서 공부는커녕 커피 한 잔 편하게 마실 여유가 없었다. 오죽하면 아내는 "맨해튼 카페에 혼자 조용히 앉아 커피를 마시는 것"이 소망이라고 했을까. 주변에 도와주는 사람 하나 없이 혼자 아이 둘을 돌보면서 남편 뒷바라지를 한 아내에게 미술 공부는 정말 '꿈 같은 일'이 되어 버렸다.

그때 나는 공부에 빠져 아내의 고단한 일상이 안중에 없었다. 공부한다고 아침 일찍 나왔다가 밤늦게 집으로 들어가는 생활이 반복되었다. 내가 매일 가서 공부한 작은 방에 아내는 한 번도 와 보지 못했다. 아이들을 맡길 데가 없어 집 밖에 나오지 못했지만 혹시라도 내 공부에 방해가 될까 봐 일부러도 오지 않았다.

나는 잘 몰랐는데, 회사에 처음 왔을 때 내 고개가 약간 비뚤어져 있었다고 한다. 박사 과정 때 독서실 책상처럼 작은 공간에 하루 종일 앉아서 공부를 했다. 똑바로 앉아서 책을 보면 이마가 닿기 때문에 고개를 살짝 옆으로 튼 자세로 몇 년을 공부하다 보니 고개가 비뚤어져 버렸다. 한국에서 생활하면서 바로잡혔지만, 그 정도로 지독하게 공부를 했다.

경기여고를 다니며 불량 학생처럼 보일까 봐 머리핀 한 번 꽂아 보지 않고, 보수적인 아버지 밑에서 평생 모범생으로 산 아내가 남편의 뜻을 거스르고 꾀를 부릴 때가 있었다. 나는 아내에게 매주 시부모님께 편지를 쓰라고 했다. 국제 전화는 비싸니까 편지로 소식을 전하는 것이 최선이었다. 처음에는 일주일에 한 번씩 꼬박 편지를 쓰더니 점점 편지 쓰는 간격이 벌어졌다. 사실 며느리가 시아버지, 시어머니께 안부를 여쭙고, 남편 공부 열심히 하고, 아이들 잘 크고 있다는 말을 하고 나면 더 할 말이 얼마나 있겠는가? 그걸 일주일에 한 번씩 편지를 쓰라고 했으니 고역이기도 했을 것이다. 지금 생각하면 육아와 가사로 힘겨운 아내에게 매주 편지를 쓰라고 한 내가 조금 무리한 요구를 했다 싶기도 하다.

내가 석사 과정보다 훨씬 힘든 박사 과정을 거뜬히 해낸 것은 아내 덕분이다. 석사 과정 때보다 더 어려운 공부를 하

1장. 크게 보고 넓게 생각하라

면서도 나는 지치지 않았고 오히려 더 깊이 몰입할 수 있었다. 결혼한 후 아내가 평화와 안정, 그리고 사랑을 주었기 때문이다.

박사 학위를 받고 나서 나는 아내에게 '뉴욕 대학원에 진학해 산업 미술 공부를 해 보라'고 권했지만 아이들이 어려 실행하기 어려웠다. 그러다 한국에 돌아와 나는 경영자로 바빠지고, 아내는 그 와중에 어머니, 아버지를 모시며 집안일을 챙기느라 아내의 '미술 공부의 꿈'은 점점 멀어졌다. 아내에게 지금까지 미안한 부분이다.

가끔 아내는 미국에 있을 때 주변 사람들이 자신에게 그랬다면서 "당신은 PhD(Doctor of Philosophy)를 땄지만 나는 PhT(Pushing husband Through, '남편을 통과시키다'란 뜻)를 땄다" 하며 웃는다. 내가 미국에서 마음껏 공부하고 한국에 돌아와 회사 일에 몰두할 수 있었던 것, 지금까지 행복을 느끼며 살 수 있는 것은 아내 윤명숙의 역할이 절대적이었다.

16년간 아버지와 함께한
주말 근무

미국에서 교수로 활발하게 활동하다가 1982년 귀국해 회사의 작은 사무실에 갇혀 있다시피 하니 여간 답답한 것이 아니었다. 경영에 참여는 하나 내가 결정할 수 있는 일은 그리 많지 않았다. 그렇다고 아버지가 경영을 맡겨 주실 때까지 마냥 기다리기만 하는 것도 내 성격에 맞지 않았다. 나는 미8군 영내에 있는 메릴랜드 대학 분교에 찾아가 이력서를 냈다. 미국 대학 강의 경력, 학위증을 보이면서 '이곳에서 강의를 하고 싶다'고 했다. 얼마 후 '다음 학기부터 재무학 강의를 해 달라'는 연락을 받았다.

귀국 후 회사 일을 익히느라 정신이 없는 와중에 대학 강의를 하겠다고 나선 것에는 나름 이유가 있었다. 대학에서 배운 것 중 회사에서 실행해 보고 싶은 것이 많았는데, 아버지라는 큰 산이 있어 할 수 있는 일이 별로 없었다. 그래서 내가 가장 잘하는 일, 경영학을 가르치고 학생들을 지도하면서 나만의 즐거움을 찾았다. 외부에서 강의를 하면서 스트레스를 풀었기 때문에 고단하고 지루했던 경영 수련 기간을 버틸 수 있었다.

그렇게 시작한 강의는 학교 측의 요청으로 3, 4년 더 했다. 미국에서 교수를 할 때 곽수일 교수님, 지용희 교수님 등으로부터 학교로 오라는 제의를 받았고, 나도 뜻만 가졌다면 한국에서 교수로 일할 수 있었다. 물론 경영자로 살아온 삶을 후회하는 것은 아니다. 다만 제약업이라는 가업이 아니었다면 나는 평생 공부하는 것을 즐기는 경영학자로 살았을 것 같다.

시간이 흐르면서 나는 경영자로 조금씩 자리를 잡아 갔다. 내 역할이 커지면서 아버지는 회사에 나오는 횟수를 점점 줄이셨다. 회사에 나오셔도 한 시간쯤 일을 보고는 돌아가셨다. 몸도 좋지 않으셨지만 나를 위한 배려였다. 회사에 나오면 아무래도 마음에 들지 않는 점이 있을 테고, 그러면 참견을 할 수밖에 없다. 아들에게 회사를 맡기셨으니 그런 상황을 가급적 피하려고 일부러 그러셨다. 그러나 아버지가 회사에 대한 관심이나 일에 대한 열정을 줄이신 것은 절대 아니었다.

아버지는 회사에 나오지 않는 시간에는 장충동 집에서 책을 읽거나 가벼운 운동을 하면서 시간을 보내셨다. 호텔 헬스클럽이 많지 않을 때였는데 신라호텔 회원권을 끊어 드려 아버지가 꾸준히 건강 관리를 하실 수 있도록 했다. 평생토록 밤낮을 가리지 않고 일만 하신 분이 집에만 있으려니 답답하셨겠지만 티를 내지는 않으셨다. 어느 날 가까운 임원 한 분이 농담처럼 아버지에게 물었다고 한다.

"회장님, 회사 일 안 하고 집에서 쉬니까 어떠십니까?"

"이 사람아! 놀기가 얼마나 힘든 줄 아나? 운동은 아무리 열심히 해도 두 시간이면 끝나. 평생 일만 하면서 바쁘게 산 사람에게 시간이 너무 많은 것도 고역일세!"

나는 아버지의 그런 마음을 잘 알고 있었다. 아버지가 세우고, 피땀으로 일구어 온 기업인데 얼마나 궁금한 것이 많을지 충분히 이해했다. 그래서 주말마다 아내와 아이들을 데리고 장충동에 갔다. 아버지에게 한 주 동안 있었던 회사 일을 설명했다. 간단한 문서로 정리해 보여 드릴 때도 있었다. 아버지는 철저한 성격이고, 제약업을 너무나 잘 아는 분이어서 대충 말씀을 드렸다가는 폭풍 같은 질문이 쏟아진다. 아버지에게 상세하게 말씀을 드리려면 미리 공부를 하고 가야 했다. 아버지가 한 주 동안 생각했던 것, 외부에서 들은 이야기를 말씀해 주시면 나는 그것을 수첩에 받아 적었다. 회사에 가서 적용할지 여부를 결정하고, 다음 주에 실행 결과를 아버지께 보고했다. 그 시절 나는 주중에는 회사에서 일을 하고, 주말에는 아버지 집에서 근무를 했다.

미국에서 귀국한 이후 아버지가 돌아가실 때까지 16년 동안 내 개인 생활은 전혀 없었다. 아이들에게 어릴 적 기억을 물어보면 '할아버지 집에 가서 놀았다'는 말이 제일 많다. 그렇지만 아버지는 아무 때나 장충동에 가는 것은 싫어하셨다. 내가 오는 날은 어머니가 식사에 신경을 쓰는데, 아무 날이나 오면 어머니가 힘들다는 이유였다. 아버지는 어머니를 평생 아끼고 사랑하셨고 가정을 소중히 여기셨다.

장충동 집은 건축가 김중업 선생의 작품이었다. 유유제약 안양공장을 지으면서 김중업 건축가의 작품 세계를 경험한 아버지는 자택을 지으면서 다시 김중업 건축가에게 설계를 의뢰했다. 김중업 작가는 아버지 집을 지으면서 획기적인 시도를 했다. 이전까지 김중업 작가는 주로 단층에 처마처럼 올린 지붕의 조형미가 강조된 건축을 했다. '유특한 주택'을 계기로 2층이나 3층에 평평한 지붕을 올리고, 대신 벽채의 조형미나 외부 테라스를 강조한 주택을 설계했다. 당시로는 매우 실험적이고 파격적인 디자인이었다. 아버지는 작가의 예술적 시도를 받아들이셨을 뿐 아니라 깊이 이해하고 격려하셨다.

나중에 알고 보니 아내의 친정집도 김중업 작가가 설계한 작품이었다. 우리 부부가 결혼하기 이전부터 장인어른과 아버지가 교류하신 이유 중에는 문화적 안목이 비슷한 것도 어느 정도 작용했으리라 본다.

장충동에는 유명인들이 많이 살았다. 골목 제일 앞쪽에 우리나라에서 현금을 제일 많이 가졌다는 부호가 살았고, 그 뒤에 삼성그룹 창업주, 한국유리 창업주의 집이 나란히 있었다. 그 안쪽이 '유특한 주택'이었다. 기라성 같은 집들 중에서도 '유특한 주택'은 확실히 눈에 띄었다. 아름다울 뿐 아니라 살수록 편리하고 정도 많이 들었다. 현관도 길고, 테라스도 길었다. 대문에서 입구까지 들어가는 길이 마치 풍경화처럼 멋스러웠다. 발코니가 무척 아늑했던 기억이 난다. 아버지가 돌아가시고 난 후 어머니 혼자 지내기에는 부담스러워서 그 집을 팔아야 했다. 집을 산 이가 '유특한 주택'을 허물고 새로 집을 지으면서 김중업 건축가의 작품은 사라졌지만 현재도 안양 김중업건축박물관에 가면 '유특한 주택'의 건축 모형과 사진이 전시되어 있다. 그 모형을 보고 있노라면 경영자로 적응해 가던 내 젊은 날의 열정, 주말마다 장충동에서 근무하던 고단함이 생각나서 살며시 미소를 짓게 된다.

그때는 어찌 그리 빡빡하게 살았을까 싶기도 하다. 아버지가 살아 계신 동안은 골프를 거의 치지 않았다. 주말마다 아버지 댁에 가야 하니 필드에 나갈 시간이 없었고, 주중에는 회사 일을 하느라 골프 칠 생각을 못 했다. 내가 골프를 다시 친 것은 제약협회 일을 하면서였다. 그것도 업무상 필요해서 자의 반, 타의 반으로 시작했다. 평일에는 특별한 사유가 있지 않으면 골프를 치지 않았다. 한 달에 딱 한 번 평일 골프를 하는 날이 있는데, 제약사 CEO들의 모임 '초록회'에서였다. 그 후 YPO(Young President Organization)에 가입하여 운동을 하였다. 제약사 동향과 다른 업계의 트렌드를 알 수 있어서 이런 모임에는 빠지지 않고 갔다. 초록회에 골프를 치러 갈 때는 다른 회사 제품 상황을 미리 알아보고, 협의할 내용, 질문할 거리를 한가득 준비해서 가곤 했다.

요즘 나한테 골프 실력이 늘었다고 하는 사람들이 많다. 한창 경영을 할 때는 회사 일에 지장을 주지 않는 선에서만 골프를 쳤다. 그러다 보니 많은 시간 연습을 하지 못했다. 최근 경영에서 손을 떼고 시간 여유가 좀 생기면서 골프를 자주 치니까 실력이 조금 늘었다. 뭐든 한번 시작하면 최선을 다하는 성격이라 골프도 집중해서 열심히 치고 있다.

나는 유씨 집안에서 태어난 덕분에 젊은 시절 좋은 기회를 가질 수 있었다. 미국, 일본에서 유학을 한 집안 어른들이 앞선 세상을 경험할 수 있는 기회를 만들어 주셨다. 기회가 주어졌을 때는 과감하게 선택을 했다. 힘들다는 것을 알면서도 용기 있게 그 길로 갔다. 기회가 주어져도 그것이 기회인지조차 모르는 사람이 많다. 기회가 있다고 모든 사람이 성공하는 것은 아니다. 갈림길에서 어떻게 선택하느냐, 기회를 어떻게 활용하느냐에 따라 인생은 달라진다. 나는 주어진 기회를 잡았고, 그 기회를 좋은 결과로 만들기 위해 최선을 다해 노력했다.

선택의 순간에 나만 생각하지 않았다. 언제나 부모, 회사, 직원, 사회를 함께 고려해서 결정했다. 내 역할은 'devotion(헌신)', 'dedication(전념, 헌신)'하는 것이라 여겼다. 공부를 하면서도, 사업을 하면서도 나 하나의 출세를 목표로 삼은 적이 없다. 내가 하는 일이 회사와 국가에 도움이 되어야 한다는 신념으로 내 역할을 성실하게 수행했다. 나서서 주목받으려 하지 않았고, 그저 내 노력이 좋은 결과로 가는 밑거름이 되는 것을 즐거워했다. 나는 일의 결과가 좋을 때 느끼는 보람과 성취 그 자체가 좋았다.

약은 곧
사람이다

1 아버지는 회사 기숙사에서 생활하는 직원들이
   생활을 즐겁게 할 수 있도록 공장 3층에 댄스
   연습실을 만들어 주셨다. 모서리에 〈모자상〉이
   보인다.
2 안양공장 준공식
3 안양공장에서 직원들이 비타엠을 포장하고 있다.
4 안양공장 굴뚝. 김중업건축박물관이 된 후에도
   그대로 남았다.

5 유유산업 시절 안양공장 광장에서 직원 모두 모여 체조를 하고 있다.
6 1960년대 안양공장 모습. 건물 모서리에 〈파이오니아상〉이 있다.
7 아버지는 공장을 지을 때 신라 흥덕왕 때의 당간 지주(보물 제4호)를
  그대로 보존하기로 결정하셨고, 나는 이 결정이 참 마음에 든다.
8 현관에도 유유의 와이(Y) 자를 형상화했다.

1 약국마다 제약회사 선전 간판을 달아 인지도를
   높이던 시절, 비타엠이 출시되자마자 폭발적인
   인기를 끌면서 광고 간판 요청이 쇄도했다.
2 비타엠분말 지면 광고
3 비타엠 차량 광고
4 종합 비타민 비타엠 당시 지면 광고

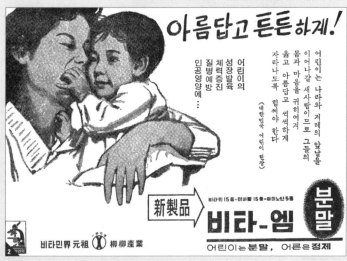

아름답고 튼튼하게!

어린이의
성장발육
체력증진
질병예방
인공영양에…

어린이는 나라와 겨레의 앞날을
이어나갈 새사람이므로 그들의
몸과 마음을 귀히여겨
옳고 아름답고 씩씩하게
자라나도록
함써야 한다

(대한민국 어린이 헌장)

新製品 → 비타-엠 분말

비라민 15종・미네랄 15종・아미노산 5종

비타민界 元祖 柳柳産業

어린이는 분말, 어른은 정제

추위를 격퇴!

추위를 격퇴!
피로를 격퇴!
식욕부진을 격퇴!
빈혈도 격퇴!
너도 나도
비타-엠
다 같이
건강체!

약리적 7종 당의정

비타・엠

비타민界 元祖 柳柳産業

5 유유제약의 명성을 드높인 제품 비나폴로
6 국내 최초 당의정이자 약효 빠르고 부작용 없는 최고의 결핵약 유파스짓 신문 광고
7 1969년 출시한 국내 최초의 비타민 C 정제인 유판씨. 수백 번의 원료 배합을 거쳐 최적의 맛을 찾았고, '시지 않은 맛좋은 비타민'으로 입소문이 났다.
8 정제에서 출발한 유판씨는 시대와 세대에 맞게 맛도 추가하고 성분도 보강하며 지금까지 유유제약을 대표하는 품목으로 자리매김했다.

21세기를 앞둔
아버지의 마지막 선택

1999년 12월은 새로운 밀레니엄을 눈앞에 두고 온 세상이 들떠 있었다. 21세기를 맞는 기대와 희망이 교차하는 날들이었다. 아버지는 아침에 일어나시더니 '몸이 좀 불편하다'고 하셨다. 지병이 있으셨으나 평소 워낙 관리를 철저하게 하셔서 일상생활에는 별 지장이 없었다. 2주 전에는 일본 여행도 다녀오셨다. 그때 딸 경수가 일본에 머물고 있었는데, 손녀를 만나 함께 기차를 타고 하코네에 가서 온천욕도 즐기셨다. 한국에 돌아오신 다음 조금 피곤해 하셨다. 병원에 입원을 했다가 회복하셔서 일주일 만에 퇴원을 했다. 닷새 전에는 '공장 체육대회에 참가하고 싶다'고 하실 만큼 건강 상태가 괜찮았다. 아버지를 모시고 서둘러 서울 아산병원으로 갔다.

나의 아버지이자 유유제약 창업자 인호(仁湖) 유특한 회장은 1919년 북간도 용정에서 태어났다. 할아버지 유기연, 할머니 김기복 사이에서 태어난 유씨 집안 9남매 중 막내아들이다. 할머니가 마흔여섯 살에 낳은 특별한 아들이라고 이름을 '特韓'으로 지었다. 아버지는 숭실중학교 2학년을 다니다가 일본으로 유학을 가셨다. 큰형님 유일한 회장의 권유 때문이었다. 미국 사회를 잘 아는 큰아버지는 막냇동생에게 '강대국으로 성장하고 있는 일본을 배워 오라'며 일본행을 권했다고 한다.

열다섯 살에 일본에 간 아버지는 가고시마 중학교를 거쳐 명문 와세다 대학에서 법학을 공부하셨다. 사춘기 시절부터 일본에서 생활한 아버지는 일본 사회를 깊숙이 이해하셨다. 일본인도 인정할 만큼 품격 있고 고급스러운 일본어를 구사하셨다. 일본 사회의 엘리트로 성장한 와세다 대학 동문들과 교류하셨는데, 이것은 훗날 유한양행에서 일할 때, 유유제약을 경영할 때 큰 도움이 되었다.

대학을 졸업하고 일본에서 일할 기회가 많았으나 아버지는 한국으로 돌아오셨다. 귀국 후에도 여기저기서 제안이 쏟아졌다. 법학을 전공한 아버지에게는 법조, 행정 쪽에서 함께 일하자는 제의가 많았다. 그중 한 분이 법무부 장관과 문교부 장관을 역임한 권오병 선생이셨다.

"나는 큰형님 덕분에 일본에서 편안하게 공부할 수 있었지만 내 조국의 상황은 처참하구나. 나라는 빼앗겼고, 국민은 가난과 질병에 시달리고 있다. 일제 치하에서 고관대작을 맡아 나 혼자 출세하기보다는 나라와 민족을 구하는 길로 가겠다!"

독립운동가 집안에서 자란 아버지는 국가관, 민족관이 투철했다. 그즈음 일본은 태평양 전쟁을 일으켜 약탈과 통제가 극에 달했다. 아버지는 수많은 제의와 추천을 거절하고 큰아버지가 경영하던 유한양행에 입사했다. 미국에서 잘나가던 사업을 접고 고국에 돌아와 '제약 사업으로 민족을 구하겠다'는 뜻을 펼치고 있는 큰아버지 영향이 컸다.

유한양행 입사 이후 아버지는 승승장구했다. 유일한 회장의 비서로 일했고, 유한양행 소사공장 공장장을 맡기도 했다. 아버지는 6·25 전쟁이 한창이던 1952년, 서른세 살의 나이에 유한양행 사장으로 취임했다. 하지만 모든 시설이 파괴되고, 경제가 완전히 마비된 전시에 한 회사의 책임을 맡는다는 것은 쉽지 않은 일이었을 것이다. 온 국민이 남쪽으로 피난을 갔고, 회사도 부산으로 옮길 수밖에 없었다. 그때 아버지는 특별한 계획을 세웠다.

"당장 안전한 곳으로 피한다고 모든 것이 해결되는 것은 아니다. 부산에서 버틸 대책이 있어야 한다. 완제품, 원·부자재를 가능한 한 많이 부산으로 가져가자. 앞으로 원료 구하기는 더욱 어려워질 것이다. 부산에서 생산을 계속하려면 원료를 확보해 놓아야 한다."

걸어서 피난을 가는 사람이 대부분이고 기차 좌석 하나 얻기 어려운 위급한 상황에 화물을 싣고 부산에 내려가겠다는 생각은 어찌 보면 무모한 계획이었는지도 모른다. 아버지는 여기저기 뛰어다니면서 사정을 해서 어렵게어렵게 버스를 구했다. 그리고 상당한 양의 완제품과 원료를 싣고 부산으로 갔다.

당시 부산의 상황은 참혹했다. 전국에서 피난민이 몰려들어 발 디딜 틈 없이 복잡했다. 1945년 28만 명 남짓이던 부산 인구가 1950년 갑자기 84만 명으로 늘었다고 한다. 영화 〈국제시장〉에 나온 피난민들의 삶이 전혀 과장이 아니다. 피난민들이 헌옷을 수선해 팔거나 미군 부대에서 나온 담배와 초콜릿을 팔던 부산 국제시장이 오죽하면 '도떼기시장'이 되었을까?

부산으로 피난은 갔지만 전쟁으로 생산 시설이 파괴되면서 생산 활동이 거의 불가능했다. 생산을 위한 원료를 구하는 것이 하늘의 별 따기였다. 수입은 막히고, 유통이 불가능해지면서 자원의 순환이 이루어지지 않았다. 그러나 유한양행은 달랐다. 아버지가 어렵게 가져간 원·부자재 덕분에 미력하나마 생산 활동을 재개할 수 있었다. 급한 대로 범일동에 소규모 공장을 짓고, 부족한 양은 삼광제약 공장을 빌려 의약품을 생산했다.

아버지는 제품을 들고 국방부 관계자를 찾아다니면서 의약품 군납의 길을 열었다. 동상연고를 군납하여 큰 성공을 거두었고, 비타민제를 공군에 납품하였다. 연이어 〈네오톤〉을 공군과 육군에 납품했다. 〈네오톤〉은 '혈액을 맑게 하고 기력을 보강해 주는 보혈강장제' 즉 영양제였다. 1차 3만 병, 2차 3만 병의 〈네오톤〉을 군에 납품했다. 당시로는 엄청난 물량이었다. 안정적인 군납으로 유한양행은 전쟁의 위기를 극복하고 사세를 회복할 수 있었다.

이 무렵 아버지는 한국제약협회의 전신인 대한약품공업

협회 회장을 맡으셨다. 제약인들은 빈손으로 부산에 내려오는 바람에 아무것도 할 수 없었다. 시장에는 군부대에서 나온 군용 약품과 구호 의약품이 범람했다. 밀수로 들여온 외국 의약품이 시장에서 버젓이 팔리면서 제약 유통 질서가 완전히 망가져 있었다. 제약인들은 유한양행 사장을 맡고 있던 아버지에게 한 가닥 희망을 걸었다. 어려움을 타개해 달라며 아버지를 회장으로 추대했고, 아버지는 기꺼이 그 소임을 받아들이셨다.

아버지는 정부와 협상을 해서 구호 약품 중 구급약품이나 위생 재료로 사용할 수 있는 일부 원료를 지원 받아서 제약인들이 생산을 재개할 수 있도록 해 주었다. 전쟁이 가장 치열했던 1952년 제약 업계가 미미하지만 생산 활동을 할 수 있었던 뒤에는 아버지가 정부와 제약인들 사이를 오가며 발로 뛴 노력이 숨어 있다.

이듬해 휴전이 되고, 유한양행이 다시 서울로 돌아오면서 아버지는 유한양행을 그만두고 1941년에 세워진 유한무역주식회사(현 유유제약)를 독립 경영하시게 되었다.

아버지를 본 아산병원 주치의는 '심근경색 증세가 있으니 빨리 수술을 하자'고 했다. 그때 아버지는 '나는 평생 열심히 일을 하면서 살았다. 살 만큼 살았고 더 이상 후회도 미련도 없다'며 한사코 수술을 거부하셨다. 수술을 받으면 얼마라도 더 살 수 있다고 의사도, 나도 설득을 하는데 아버지는 결심을 바꾸지 않았다. 결국 다시 입원을 한 지 일주일이 채 되지 않은 1999년 12월 6일 오후 5시, 일생을 제약업에 매진해온 아버지는 세상을 떠나셨다. 향년 82세였다.

아버지의 죽음이 이렇게 급작스러울 것이라고 생각을 못한 탓에 장례를 치르면서도 정신이 없었다. 그러면서도 내내 의문이 일었다.

'아버지는 수술을 받고 더 살 기회가 분명 있었는데 왜 거부하셨을까?'

아버지의 삶과 성품을 되짚어 보았다. 아버지는 평생 깔끔하고 단호하셨으며, 다른 사람에게 폐 끼치는 것을 싫어하셨다. 그러면서 해답을 찾을 수 있었다. 아버지는 21세기가 시작되기 전에 당신의 삶을 스스로 마무리한 것이다. 그렇지 않고는 그런 선택을 하신 이유를 설명할 수가 없다. 밝아 오는 뉴 밀레니엄을 아들을 비롯한 후대 사람들의 몫으로 남겨주려고 자진해서 먼 길을 가신 것이 분명하다.

참으로 나의 아버지다운 선택이었다.

뜨거운 열정은
현실을 이긴다

유유제약은 1941년, 자본금 15만 원의 유한무역주식회사로 시작했다. 아버지 유특한 회장과 유씨 집안의 삼남 유명한 사장이 회사 설립을 주도했다. 한국전쟁 중 피난을 간 부산에서 유명한 사장이 불의의 선박 사고로 세상을 떠나면서 아버지가 책임을 맡아 경영을 했다.

1953년 정전 협정으로 전쟁이 멈추자 아버지는 부산 생활을 접고 서울로 돌아왔다. 그러고는 유한양행에서 유한무역주식회사를 독립시켜 독자적으로 사업을 펼치기로 결심한다. '유한산업주식회사'로 사명도 변경했다. 무역업에 그치지 않고 본격적으로 제약 사업에 뛰어들겠다는 선언이었다. 아버지는 법조, 행정에서 일할 수 있었던 기회를 마다하고 제약 업계에 뛰어들면서 결심한 바가 있었다. "좋은 의약품을 만들어 헐벗고 굶주림으로 고통받는 국민들을 위해 헌신하겠다"라는 것이었다. 그는 이때 수립한 '제약보국(製藥報國)'의 신념을 평생 동안 실천했다.

전쟁은 멈추었으나 나라는 여전히 혼란스러웠다. 3년의 전쟁을 치러 정치는 불안정했고 경제는 어려웠다. 대다수 국민은 배고픔에 허덕였고 보건 환경은 밑바닥까지 추락해 있었다. 아버지는 서울 한복판인 명동의 3층 건물을 매입해 본사 사옥을 마련했다. 2층, 3층은 생산 시설로 쓰고, 1층은 사무실로 꾸몄다. 제약 사업을 준비하며 한 걸음씩 내딛었다.

'전쟁에 시달리느라 병약해진 국민들에게 가장 필요한 것이 무엇일까? 우선 국민이 영양 보충을 해서 몸이 튼튼해야 일도 하고 국가도 다시 일으켜 세울 것이 아닌가?'

그때부터 아버지는 비타민제를 개발하기 시작했다. 시중에 비타민제가 없는 것은 아니었다. 미군 부대에서 나온 비타민제, 해외에서 밀수한 제품이 암암리에 거래되고 있었다. 국내 제약 회사가 내놓은 비타민제도 있었다. 다만 제제(製劑) 기술이 취약해 원료를 뭉쳐 놓은 수준의 나정(裸錠)이 대부분 이었다. 나정은 생산은 쉽지만 불쾌한 맛이 그대로 느껴지고, 냄새가 심해서 복용이 불편하다. 해외 유명 제약 회사에서 생산한 비타민제 중에는 먹기 편하게 당의를 입힌 제품도 있 었다.

당의정(糖衣錠)은 말 그대로 '달콤한 옷을 입힌 알약 (Sugar-coated tablet)'을 말한다. 어른도 먹기 힘든 약을 어린이 조차 쉽게 먹을 수 있도록 코팅을 하는 기술이 필요하다. 당 의는 약물의 변질을 막는 장점도 있다. 지금이야 당의정이 특 별하지 않지만 1950년대 초반 우리 제약 기술은 다른 나라에 서 만든 당의정을 마냥 부러워하는 수준이었다.

아버지는 비타민제를 개발하면서 국내에서 '당의정' 만 드는 것을 목표로 삼았다. 우리나라에서 정제 기술이 가장 뛰 어난 이규숙 씨를 스카우트했다. 전폭적으로 연구진을 지원 해서 1953년 한국 최초로 당의 기술을 적용한 비타민제 〈유 비타〉를 내놓았다.

당의정 개발은 우리나라 제약 기술을 한순간에 선진국의 정제 기술 수준으로 끌어올린 일대 사건이었다. 유비타는 '당 의 기술의 효시이자 비타민제의 원조'로 불리며 유유제약은 제약 업계에 우뚝 섰다. 이후 다른 제약사들이 〈유비타〉를 따라 당의정 형태의 제품을 내놓았다. 당의 기술이 안정적으로 자리를 잡자 정부는 1956년 외국산 완제 비타민 수입을 금지해서 국내 제약 산업을 보호했다. 유유가 개발한 국내 최초 당의정 형태의 비타민제 〈유비타〉가 제약 산업 발전을 앞당기고 국내 제약사 성장의 계기를 마련한 셈이다.

〈유비타〉로 성공을 거두었지만 아버지는 마음이 차지 않았다. 전쟁 직후 굶주린 국민을 위해 급한 대로 비타민제를 개발했지만 아직은 완벽한 영양제로서 해결책이 되지 못한다고 생각했기 때문이다. 아버지는 〈유비타〉에 만족하지 않고 더 좋은 비타민제 개발에 들어갔다.

"영양이 부족한 국민들에게 좀 더 편리하게 영양소를 공급해 줄 방법이 없을까? 한 알만 먹으면 하루 필요 영양소를 모두 섭취할 수 있는 종합 비타민제를 만들면 국민들에게 도움이 되지 않을까?"

시중에 있는 종합 비타민은 외국에서 수입하거나 밀수해 온 제품이 대부분이었다. 구하기도 어려웠지만 가격이 비싸 가난한 국민들이 상용하기 어려웠다. 아버지는 '완벽한 비타민제를 개발해 저렴하게 보급하겠다'라는 원칙을 세우고 개발에 들어갔다.

꿈은 원대했으나 현실은 녹록하지 않았다. 유유산업은 유한양행에서 독립한 지 얼마 되지 않았고, 제약업을 시작한 지 3년 정도밖에 되지 않은 신생 회사였다. 당연히 기술도, 경험도 충분하지 않았다. 우리나라의 원료 수급 상황, 유유의 제약 기술로 종합 영양제는 무모한 도전처럼 보였다. 영양제를 만들려면 국제적으로 공인받은 영양학설을 찾고, 이에 맞게 필수 영양소를 구성할 기술이 있어야 한다. 각 성분들이 서로 방해하지 않으면서 역가를 제대로 보존하는지도 철저하게 검증해야 했다.

아버지는 직원들과 함께 밤낮을 가리지 않고 종합 영양제 개발에 매달렸다. 유유제약 연구진은 선진국의 논문과 연구를 찾아 노벨 생리의학상 수상자 크레브스(Hans Adolf Krebs)와 리프먼(Fritz Albert Lipmann)의 영양학설을 기초로 정했다. 이 학설에 따라 약 한 알에 필수 영양소로 15종의 비타민과 5종의 필수 아미노산, 15종의 미네랄 그리고 간장 보호제까지 33종의 성분을 배합해야 한다. 배합 금기, 역가 보존을 위해서는 영양소를 7개 군으로 나누어 각각 막을 씌운 후, 최종적으로 한 알로 정제하는 고도의 기술이 필요했다.

뜨거운 열정은 현실을 이기는 법이다. 수많은 실패와 좌절을 겪으면서도 연구를 계속했고, 결국 착수 4년 만인 1957

년, 유유제약은 국내 최초 약리학적 7층 당의정 〈비타엠〉 개발에 성공했다. 제약업을 시작한 지 10년 남짓한 회사가 굴지의 제약 회사들도 하지 못했던 완벽에 가까운 종합 영양제를 개발해 냈다. '7층 당의정'은 7개의 성분군을 각각 당의로 감싸, 하나의 정제로 만들었다는 뜻이다. 국내는 물론이고 해외 의약계에서도 깜짝 놀란 사건이었다. 7층 당의정 개발은 당시 한국 제약 제조 기술로는 획기적인 성과였다.

〈비타엠〉은 출시되자마자 폭발적 인기를 끌었다. 주문이 쇄도해 생산과 공급이 따라가기 벅찰 정도였다. 너무 많은 약국에서 〈비타엠〉이 들어간 광고 간판을 요청하는 바람에 담당자가 진땀을 흘렸다는 일화도 있다. 그때는 약국에서 제약 회사의 선전 내용이 담긴 간판을 달았는데, 약사들은 기왕이면 인기가 좋은 〈비타엠〉 광고 간판을 걸어 약국의 이미지와 인지도를 높이려고 했기 때문이다. 이후 〈비타엠〉은 북한에도 알려질 정도로 우리나라를 대표하는 종합 영양제로 자리를 잡았다.

아버지는 제약 사업을 시작하면서 '좋은 약으로 질병에 시달리는 동포를 구하겠다'는 큰 목표를 세웠다. 모두가 가난하고 병약하던 시절, 아버지는 비타민제를 개발하여 우리 민족에게 건강과 희망을 주셨다. 수입이나 밀수로 가격이 부풀

려진 비타민제가 아닌 합리적인 가격의 영양제를 자체 기술로 개발해 냈다. <비타엠> 개발은 유유제약의 기술력을 입증하고 초일류 제약회사로 발돋움하는 가능성을 보여 주었다.

제약은 생명을 다루는 사업이기 때문에 가치와 명분이 확실해야 한다. 그저 '돈을 벌겠다'는 목표만으로는 큰 성취를 이루기 어렵다. 제약업에 종사하는 사람들은 이 일에 대한 사명감이 있어야 하고, 국민 건강에 기여한다는 자긍심을 가져야 한다. 온 국민이 가난과 질병으로 고통받던 시절, 아버지는 비타민제 〈비타엠〉을 개발하여 제약 보국에 힘쓰며 국민들에게 희망을 주셨다.

1950년대 원료조차 구하기 어려운 환경에서 비타민제 〈유비타〉를 개발하고, 신생 회사가 국내 최초로 약리학적 7층 당의정 기술로 〈비타엠〉을 선보일 수 있었던 저력은 어디에서 나온 것일까? 나는 아버지가 세운 '제약보국'의 꿈에 유유제약 직원들이 공감했기 때문이라고 생각한다. '가난과 질병으로부터 고통당하는 국민을 위해 좋은 약을 개발해 건강을 증진하고 삶의 질을 향상한다'는 창업 이념에 유유제약 직원들은 감동했다. 직원들은 연구 개발에 헌신했고, 창업자와 힘을 합쳐 기적과도 같은 성과를 연이어 만들어 냈다.

아버지가 직접 지은 회사 이름 '유유(柳柳)'는 미국식으로

'Yu & Sons(유씨 집안)'라는 뜻도 있으나 '쉼 없이 망망대해로 유유히 흐르는 물처럼 계속 진취적으로 발전하고 번영하라'는 의미가 담겼다. 이런 창업자의 정신은 '인류의 건강 증진과 삶의 질(Quality of life) 향상'이라는 비전으로 여전히 나와 유유 직원들의 가슴에 뜨겁게 흐르고 있다.

사람을 살리는 약

얼마 전 우리 회사 CI를 바꾸었다. 엄밀히 말하면 바꾼 것이 아니라 '원래로 돌아갔다'는 표현이 맞을 것이다. 유유제약의 영문 이니셜 Y자를 반전, 중복한 창업 초기 CI를 요즘 젊은 트렌드에 맞게 세련된 색감과 형태로 변형했다. 최근 '레트로(retro)'라고 해서 과거의 전통을 되살리는 사회적 흐름이 크다. 유유제약도 창업 당시의 가치와 철학을 더욱 철저히 계승하겠다는 의미에서 예전의 CI로 회귀했다.

2장. 약은 곧 사람이다

유유제약은 뿌리 찾기를 다방면에서 시도하고 있다. 요즘 회사 엘리베이터를 타면 모니터에 옛날 광고들이 나온다. 지금은 자동차, 가전, 스마트폰 광고가 주를 이루지만 예전에는 TV 광고 대부분이 제약 회사의 의약품 광고였다. 그때는 제약 회사가 광고 산업을 이끌었다고 해도 과언이 아니다. 실제로 새해가 밝으면 주요 제약 회사 광고부장 십여 명이 모여 그해의 신문 광고 단가를 정했다. 그때는 유유제약도 전문 의약품보다 일반 의약품 비중이 높았기 때문에 TV, 신문을 넘나들며 광고를 했다. 〈비타엠〉, 〈유파스짓〉, 〈비나폴로〉 광고를 보면서 나도 옛 추억에 잠긴다.

실의에 빠진 결핵 환자들의 희망 〈유파스짓〉

1950년대 우리나라에서 가장 흔한 질병은 폐결핵이었다. 폐결핵은 결핵균이 공기를 타고 폐에 들어가 염증을 일으키는 전염성 질환이다. 위생 상태가 좋지 못한 환경에서 감염되기 쉽고, 면역력이 낮은 사람이 특히 취약하다. 6·25 전쟁 직후인 1954년에는 매일 300명이 결핵으로 숨졌다는 기록도 있다. 전쟁을 겪으며 위생 환경이 좋지 않은 데다가 국민 대다수가 빈곤으로 영양이 부족했기 때문이다. 결핵은 발병률도 높지만, 감염병 중 치사율이 제일 높다. 결핵에 걸리면 젊은이들도 꼼짝없이 죽음을 맞았다. 작가 김유정, 이상도 결핵으로 서른 전에 요절했다.

영양 상태가 좋아지고 예방 접종이 보편화된 요즘도 한해 결핵 사망자 수가 2,000명에 육박한다고 한다. 우리나라는 2016년 기준 인구 10만 명당 결핵 발생률이 77명, 사망률이 5.2명으로 OECD 회원국 중 가장 높다고 하니 결핵은 여전히 무서운 질병이 틀림없다.

그때는 내과마다 '결핵 전문의'가 있을 만큼 결핵 환자가 많았다. 결핵은 치료 기간이 길고 완치가 어려운 까다로운 질병이다. 이런 상황을 잘 알고 있던 아버지는 결핵약 개발에 관심을 가졌다. 당시 결핵 치료제는 외국산 '파스(PAS)'제가 대부분이다. 구하기도 어려웠지만 복용 후 위장 장애가 일어나는 부작용이 심했다.

"결핵약은 몇 년 동안 장기 복용을 하는데 부작용이 생기면 환자가 부담을 느낀다. '파스'제의 단점인 위장 장애를 줄여 우수한 결핵 치료제를 만들자."

결핵약은 '좋은 약으로 질병에 시달리는 동포를 구하겠다'는 그의 신념에 걸맞은 선택이었다. 아버지는 연구진들과 협의하여 결핵의 기본 처방인 파스에 아이나(INAH)를 복합

한 항결핵제를 만들기로 결정했다. 그러나 두 성분을 복합시
켰을 때 발생할 부작용의 해결책을 찾지 못했다. 학계와 연구
소를 찾아다닌 끝에 국립화학연구소장(국립화학연구소는 1963년
국립보건원에 통합되고 2003년 질병관리본부로 확대 개편됨) 허금 박
사의 연구로 문제를 해결했다. 위에서는 녹지 않고 장에서 용
해되는 '엔터릭코팅(Enteric Coating)' 기술이 그것이다. 위에
서 일어나는 부작용을 줄이면서도 약효를 최대한 발휘할 수
있는 획기적인 방법이었다. 국내에 없었던 장용정(腸溶錠)의
탄생이다. 유유제약은 이 기술을 '위를 보호하는 당의정'이란
뜻을 담아 '보위당의(保胃糖衣)'라는 용어로 소비자들에게 설
명했다. 이 항결핵제가 바로 〈유파스짓〉이다.

〈유파스짓〉은 실의에 빠져 있던 결핵 환자들에게 희망
을 주었다. 약효가 뛰어나고 부작용이 적어 단박에 최고의 결
핵약으로 부상했다. 소비자 대상 광고도 한몫했다. '낙망하기
전에 치료부터', '결핵에서 소생, 강력한 폐결핵 치료제', '결핵
치료에는 단연 두 성분 복합제', '폐결핵 치료제 보위당의의
개척자'라는 내용으로 〈유파스짓〉의 효능을 알렸다.

〈유파스짓〉의 폭발적인 인기로 약국에서는 도매상에 한
달 전에 주문을 넣어야 제품을 받을 수 있었다. 일부 도매상
은 현금을 쌀가마니에 담아 서울 명동 본사에 와서 기다렸다

가 〈유파스짓〉을 가져가기도 했다. 1955년에 출시한 〈유파스
짓〉은 결핵 치료에 획기적인 전환을 마련했으며 우리나라 결
핵 퇴치에 큰 공을 세웠다.

앞서 나가는 것이 늘 좋기만 한 것은 아니다. 〈유파스짓〉
이 엄청난 인기를 끌자 국내 제약 회사들은 〈유파스짓〉을 따
라 한 제품을 쏟아 냈다. 적은 노력으로 장용정 기술과 성분
을 흉내 낸 제품을 판매했고, 거기에 가격 덤핑까지 해서 시
장을 흐렸다. 이 때문에 결핵약을 가장 먼저 개발해 놓고도
유유제약은 한동안 어려움을 겪기도 했다.

유유제약은 〈비타엠〉, 〈유파스짓〉의 잇따른 성공으로 '기
술력에서 앞선 제약 회사' 이미지를 구축할 수 있었다.

비너스와 아폴로의 에너지를 담은 종합 영양제 〈비나폴로〉

1950년대 유유제약을 일으킨 제품이 〈비타엠〉, 〈유파스
짓〉이라면, 유유제약의 명성을 드높인 제품은 단연코 1960년
대 히트 상품 〈비나폴로〉이다. 〈비나폴로〉의 제품 광고 헤드
라인은 '최고 경영자에게 국내 최초 소프트 캡슐'이었다.

당시는 전쟁의 상흔을 치유하며 경제개발을 막 시작할
때였다. 정부 주도로 경제 개발 5개년 계획을 추진하면서 성

장 위주의 경제 정책과 국가 주도로 수출 전략이 펼쳐졌다. 수출이 늘고 소득이 높아지면서 국민들의 생활 형편도 조금씩 나아지고 있었다. 유유제약에서는 경제 활동의 중심에 서 있는 중년 남성의 건강에 관심을 가졌다. 국가와 가정 경제의 축인 남성의 건강이야말로 국가의 미래, 가정의 행복과 직결되어 있기 때문이다. 중산층 이상의 중년 남성을 타깃으로 삼은 고품격 종합 영양제 개발을 시작했다.

〈비나폴로〉는 중년 이후의 필수 영양소인 비타민, 아미노산에 간의 기능을 돕는 강간제, 자율신경 조절제, 혈관강화제, 소화촉진제가 캡슐 하나에 농축된 영양제였다. 〈비나폴로〉의 핵심 성분은 '감마오리자놀'과 '메틸테스토스테론'이었다. '감마오리자놀'은 자율신경과 내분비 중추가 있는 간뇌에 작용하여 자율신경 실조와 내분비 평형장애, 갱년기 장애 치료에 뚜렷한 효과가 있다. 쌀겨 10톤에서 겨우 1킬로그램가량 추출할 정도로 특수한 화학물질인데 유유제약이 이 성분 추출에 국제 특허를 가지고 있었다. 남성 호르몬제 '메틸테스토스테론'을 빼라는 식약처 주문 때문에 커다란 위기를 겪었지만 〈비나폴로〉는 유유제약의 매출을 끌어올린 견인차 역할을 했다.

〈비나폴로〉는 성분도 뛰어나지만 형태를 완전히 차별화

했다. 국내 최초로 '연질 캡슐' 기술을 적용한 제품이 〈비나폴로〉다. 1960년대 국내 제약사가 내놓은 종합 영양제는 대부분 수입 원료 의약품을 가공한 정제 형태였지만, 외국의 선진 제약 기업들은 이미 연질 캡슐 제품을 속속들이 내놓고 있었다. 수용성 비타민을 오일에 분산하는 방법인 연질 캡슐은 말랑말랑해서 삼키기 쉽고, 체내에서 쉽게 녹아 빠르게 흡수된다. 그러나 생산할 때 온도와 습도 조작이 까다로워 국내 개발이 어려웠다. 유유제약은 '앞으로는 연질 캡슐이 더욱 확산될 것'이라 내다보고 개발에 뛰어들었다.

방향은 맞았으나 현실의 장벽은 높았다. 연질 캡슐을 개발하기 위해 2년 동안 제조 시험을 153회 했으나 모두 실패했다. 연구진은 실의에 빠졌다. 그때 공장에서 희소식이 들려왔다.

"제품 생산 롤링 과정에서 수동으로 평판법을 적용하니까 캡슐 형태를 유지할 수 있었습니다!"

유유제약은 1965년 국내 최초로 연질 캡슐 독자 생산에 성공했다. 비타민의 효과를 극대화하고 연질 캡슐의 편의성까지 갖춘 〈비나폴로〉는 나오자마자 선풍적인 인기를 끌었다. 출시 첫해 2억 원의 매출을 올리며 단숨에 종합 비타민제 시장의 30퍼센트 이상을 점유했다. 유유제약이 연질 캡슐 개

발에 성공했다는 소식이 외부에 알려지자 일본의 일류 제약
회사가 유유제약을 찾아와 기술을 가르쳐 달라고 사정한 일
도 있다.

〈비타엠〉, 〈유파스짓〉, 〈비나폴로〉 등 유유제약의 초기
히트 상품에는 공통점이 있다. 우선 '제약보국'의 창업 이념
을 성실하게 구현했다는 것이다. 배고픔과 빈곤에 시달리는
국민에게 종합 영양제를 제공하고, 결핵으로 하루 300명이
목숨을 잃던 나라에 우리 손으로 항결핵제를 개발하여 희망
을 심어 주었다.

또 도전을 두려워하지 않았다. 외국에서 생산하는 당의
정, 연질 캡슐 기술을 부러워하면서 우리 기술로는 어림없다
고들 할 때 유유제약은 용감하게 도전했다. 수백 번의 실패
와 좌절 속에도 포기하지 않고, 독자적인 기술로 목표를 이루
었다.

이런 경험을 바탕으로 아버지는 정직성실, 근면노력, 창
의개발, 협동단결, 사회봉사를 유유제약의 사시(社是)로 정했
다. 사람이 태어나서 개인적으로, 사회적으로 꼭 실천해야 할
가르침을 다섯 가지로 정리하셨다. 이 지침들은 지금 들어도
울림이 크다. 기업이 나아갈 방향도 이 안에 해답이 있었다.
기업의 윤리성, 창의적인 제품 개발, 사회적 책임의 의미가

유유제약의 사시 안에 모두 들어 있다.

　나는 경영을 하면서 유유제약의 정신과 가치를 지키려고 부단히 노력했다. 제품을 개발할 때마다 '제약보국'의 원칙을 생각했다. '지금 내가 하고 있는 일이 회사에 도움이 되는가?', '사회에 기여하는 일인가?'를 고민하고 결정을 내렸다. 창업자의 빛나는 정신과 훌륭한 가치관을 이어받을 수 있었던 것은 큰 행운이다.

작아도 알찬
'다이아몬드 기업'

교수직을 포기하고 한국에 오기는 했으나 바로 경영을 맡지는 못했다. 유유제약 부회장이라는 직책을 주셨는데 창립자이자 회장인 아버지와 20년 넘게 유유제약에 근무한 전문 경영인 전창기 사장 사이에 끼어 있는 자리였다. 가장 큰 장벽은 아버지였다. 40년 이상 제약 사업을 하신 아버지는 그때까지 나를 경영자로 인정하지 않으셨다. "외국에서 공부만 했지, 한국 제약 산업을 제대로 모른다"라는 이유였다. 아버지는 회장실 안에 풍금처럼 생긴 나무 책상 하나 놓아 주시고는 결재, 회의를 참관하라고 하셨다. 그리고 '부회장실'이라며 작은 방 하나를 내주셨다. 책상 한 개가 겨우 놓인 골방이었다.

아버지는 세계 산업의 중심 뉴욕에서, 그것도 가장 유행이 빠르다는 경영학을 전공한 교수 출신 아들의 능력을 시험하고 계셨다. 섭섭함은 있었지만 아버지의 의견을 따를 수밖에 없었다.

아버지가 주재하는 간부회의 끝자리에 앉아 오가는 대화를 들으면서 회사를 익혔다. 때로는 간부 회의에서 아버지가 나에게 질문을 하셨는데, 그때 마음에 드는 대답을 못 하면 필요 이상으로 역정을 내셨다. 다른 직원을 대할 때보다 훨씬 크게 혼을 내셨던 것 같다. 엄격하게 나를 가르치면서 경영 훈련을 시키고, 임직원들에게 '아들도 능력에 따라 대우할 뿐 특혜를 주지 않는다'는 원칙을 보이신 것이 아닌가 싶다.

회사에 들어와 보니 위기는 생각보다 뿌리가 깊었다. 모든 상황이 뒤엉켜 있었다. 회사가 부도나지 않고 버티고 있는 것이 신기할 정도였다. 가장 큰 문제는 〈비나폴로 에이〉 같은 상품이 잘 팔려도 회사에는 현금이 부족한 비정상적인 유통 구조였다.

〈비나폴로〉는 한때 도매상이 돈을 싸 들고 본사까지 찾아

와서 물건을 가져갈 정도로 인기를 끌었다. 그런데 식약처에서 "⟨비나폴로⟩에 들어 있는 남성 호르몬을 의사 처방 없이 섭취하면 부작용이 생길 수도 있다"라며, 이 성분을 바꾸라고 했다. ⟨비나폴로⟩는 광고 마케팅에 주력하는 일반 의약품이다. '최고 경영자가 먹는 종합 영양제'라는 광고 카피처럼 중년 남성이 ⟨비나폴로⟩를 선택한 이유인 바로 그 핵심 성분이 빠지면 큰 타격을 입을 수밖에 없었다. 회사는 서둘러 이 성분을 빼고 감마오리자놀, 아미노산, 비타민 성분을 복합하여 ⟨비나폴로 에이⟩를 내놓았다. 하지만 ⟨비나폴로⟩만큼 폭발적 인기를 끌지는 못했다. 한창 때 ⟨비나폴로⟩ 매출의 3분의 1 수준에 머물렀다.

더 큰 문제는 전통적인 제약업의 유통 구조에 있었다. 그때는 도매상이 물건을 가져가면 회사는 반년 후에나 돈을 받을 수 있었다. 그렇게라도 받을 수 있으면 다행이다. 회사가 독촉하지 않으면 6개월이 지나고, 1년이 넘어도 돈이 들어오지 않았다. 영업 담당자가 가서 사정을 해야 겨우 물건 값을 주었다. 그러다가 도매상이 부도가 나면 물건을 준 회사가 고스란히 손해를 떠안아야 했다. 아예 돈을 떼먹고 도망가 버리는 도매상도 숱했다. 영업팀은 떼인 돈을 받으러 다니느라 제대로 영업, 마케팅 활동을 펼치지 못했다. 담보 없이 외상이

나 신용으로 물건부터 주어서 돈을 받을 근거가 없는 경우도
많았다.

내가 회사에 들어온 1983년에는 안국동 근처 빌딩 한 층
을 빌려 셋방살이를 하고 있었다. 명동 한복판의 본사 사옥과
안양공장 주변의 꽤 많은 땅을 팔아서 부족한 자금을 메웠다.
안양공장이 회사의 유일한 자산이었다. 기업이 생존하려면
생산을 멈출 수 없으니 차마 공장은 팔지 못하고 근근이 지키
고 있었던 것이다.

원인을 알고 보니 깊은 한숨이 절로 나왔다. 그러나 어렵
고 복잡하다고 피할 내가 아니다. 한국에 오면서 이미 각오한
바이기도 했다. 나는 낯선 나라에서 내 삶의 터전을 닦은 개
척자였다. 최선을 다해 학문의 최고 경지에 오른 도전자였다.
'회사 일도 성심성의껏 하다 보면 되겠지. 내가 그거 하나 못
해내겠나?'라고 생각했다. 엉킨 실타래를 풀듯 실오라기 한
가닥을 잡고 꼬인 매듭을 풀어 나갔다.

아버지는 내가 한국으로 돌아오기 전부터 몸이 좋지 않
으셨다. 지병 때문에 예전처럼 일을 많이 하지는 못하고, 집
과 병원을 오가면서 틈틈이 회사 일을 보셨다. 아버지의 빈자
리가 생길 때마다 내가 그 자리를 조금씩 채워 갔다.

안국동 사무실을 정리하고 안양공장으로 본사를 옮겼다.

사무실 월세라도 줄이면 회사에 조금이나마 도움이 될 것 같았다. 작은 방을 내 사무실로 썼다. 서울 한복판의 근사한 빌딩에서 근무하던 직원들이 공장이 있는 안양으로 매일 출퇴근을 하려니 무척 힘들었을 것이다. 나도 불편했다. 그러나 회사를 살려야 한다는 목표가 너무나 뚜렷했기 때문에 누구 하나 불평하지 않았고, 나와 직원들은 한 몸처럼 움직였다.

제품도 하나씩 정리를 했다. 그때 유유제약은 100여 종이 넘는 의약품을 생산하고 있었다. 처방전이 필요한 전문 의약품(ETC, Ethical)보다 일반 의약품(OTC, Over The Counter) 비중이 압도적으로 높았다. OTC 제품은 대중적 인지도는 높지만 광고·마케팅 비용이 많이 들어 수익성이 낮다. 이것을 포기하자니 그간 들인 개발비, 판촉비가 아까웠다. 그렇다고 이 제품들을 붙잡고 있으면 수익성은 더욱 나빠질 것이다. 잘 팔리지 않아도 생산 비용, 판매 경비, 관리비는 계속 들어간다. 고민 끝에 〈비나폴로 에이〉, 〈유판씨〉처럼 브랜드 가치가 있는 제품 위주로 남기고 수익성이 떨어지는 제품을 줄여 갔다. 썩어 가는 나뭇가지는 빨리 잘라 버려야 나머지 가지들이 건강하게 자라는 법이다.

그리고 사내 현금 확보에 주력했다. 회사 재무 구조를 정비해서, 돈의 흐름이 보이도록 했다. 도매상이 조른다고 물건부터 내주지 않았다. 돈을 받고 물건을 파는 정상적인 영업을 했다. 현금 흐름을 보면서 경영과 영업의 속도를 조절했다.

나는 경영학자로서 경영학의 이론을 충실하게 따랐다. '작아도 내실 있게', '하나를 하더라도 제대로'가 내가 실행했던 경영 방식이다. 나는 지난 30년 동안 실속 없이 규모만 키우는 엉터리 비즈니스를 하지 않았다. 경영학을 전공한 학자 출신인 내가 남들 눈에 그럴듯해 보이려고 실제보다 부풀리는 짓을 할 수는 없었다. 현재 유유제약이 다른 회사에 비해 상대적으로 매출 규모가 작은 이유는 이 때문이다. 속이 빈 상태로 외형을 키우기보다는 크기는 작아도 알찬 '다이아몬드 기업'으로 만들어 가려고 했다.

밤낮을 가리지 않고 일을 하다 보니 어느새 회사는 조금씩 안정을 되찾고 있었다. 나를 보는 아버지의 눈빛도 달라졌다. 몇 년 전 "미국에서 공부만 했지 한국 제약 현실을 모른다"라고 하셨던 아버지가 내게 제약 업계 동향을 묻고, 회사의 미래를 상의하셨다.

1987년 아버지의 뜻에 따라 나는 유유제약 사장에 취임했다. 직책상 부회장에서 사장으로 강등된 것이지만 경영자로서 아버지께 인정받았음을 공표하는 인사여서 책임감을 많이 느꼈다. 2년 후인 1989년 그동안 모은 회사 자금에 약간의 빚을 얻어 서울시 중구 신당동에 땅을 샀다. '앞으로 회사가 성장하려면 안정적인 기반이 필요하다'고 생각해 조금 무리를 해서 사옥 부지를 매입했다. 원료 의약품을 개발하기 위해 명동 사옥을 매각한 지 25년 만이었다. 아버지는 신당동에 오셔서 유유제약 터를 보시면서 환하게 웃으셨다. 그리고 나에게 "무척 마음에 든다"라고 말씀하셨다.

원료를 섞는 것도
기술이오?

현금 확보와 수익성 위주의 경영 전략에 따라 제품을 정리하기 시작했지만 생각보다 훨씬 어려웠다. 제품 전략을 제대로 세우지 못한 상태에서 제품을 생산하다 보니 경쟁사 제품보다 원가율이 높은 품목이 많았다. 생산은 하고 있지만 성분 경쟁력이 떨어져 판매가 미미한 제품도 여럿이었다. 100여 종의 의약품 중에는 '타사에서 내니까 우리도 만들어 내야 한다', '이 제품은 기본이라 약국 영업에 꼭 필요하다'며 내놓은 제품도 있었다.

　유유제약에서 생산하는 의약품 중 원가 구조가 좋지 않은 제품, 판매가 적은 제품, 미래 성장 가능성이 낮은 제품들을 과감하게 정리했다. 나는 타사와 중복된 제품, 경쟁력이 떨어지는 제품을 계속 붙잡고 있는 것은 회사의 손해를 넘어 국가적 낭비라고 생각했다. 처음에는 영업 담당자, 생산 사원들의 반대가 컸다. 그도 그럴 것이 제품 하나를 개발·생산하려면 얼마나 많은 시간과 노력이 필요한가? 제품에 애정을 가진 실무자로서 포기하기가 쉽지 않았을 것이다. 본인의 자리까지 위협받는 일이니 더욱 그랬을 것이다. '제품을 계속 생산하느냐 마느냐는 수익성을 중심으로 결정한다'는 원칙을 세우고 일을 추진했다. 내가 프로젝트 매니저가 되어 직접 제품 품목을 챙겼다. 그 결과 100여 종이던 제품을 40여 개 품목으로 줄일 수 있었다.

　전문 의약품은 광고를 할 수 없기 때문에 오히려 품질로 승부를 할 수가 있다. 학술적 연구 결과나 효능이 입증되면 의사들이 알아서 처방을 한다. 당시 상황에서는 ETC 쪽으로 방향을 전환하는 것이 유유제약에 유리했다. 다만 ETC 제품을 개발하려면 시간과 비용이 많이 든다는 약점을 극복해야 했다.

그렇게 눈을 돌린 것이 '개량 신약' 분야였다. 신약을 개발하려면 평균 개발 기간 12년, 개발비 1조 원가량이 든다. 그러면서도 마지막 순간 열에 아홉은 제품화되지 못하고 묻혀 버린다. 반면 개량 신약은 허가를 받은 제품을 기반으로 하기 때문에 보통 4, 5년이면 임상 시험을 할 수 있다. 개발 비용은 오리지널 신약의 5분의 1 정도면 된다. 그래서 신약보다 빠르게 결과를 얻을 수 있는 개량 신약 개발에서 해답을 찾아갔다.

나는 교수를 그만둔 이후에도 꾸준히 해외 학술지와 신간 경영 서적을 읽으면서 정보를 찾았다. 외국 자료에서 개량 신약의 가능성을 확인하고 곧바로 우리 회사 중앙연구소에도 '개량 신약을 연구하라'는 과제를 내렸다.

개량 신약은 오리지널 신약과 성분과 약효는 비슷하지만 약이 효과를 잘 내도록 필요한 물성을 바꾸거나, 성분을 변경하는 것을 말한다. 또 두 가지 이상의 성분을 섞어 만든 복합제, 성분을 추가해 하루에 두 번 먹던 약을 한 번만 먹게 개량한 제품 등이 개량 신약의 결과물이다. 제형을 먹기 편하고 효과가 높도록 캡슐, 정제, 과립, 서방정 등으로 바꾸는 것도 개량 신약이 이룬 기술이다.

개량 신약은 기존 제품보다 효과가 뛰어나고 복용이 편

하다는 점에서 단순 복제약과 다르다. 오리지널 신약 개발에 비해 임상 시험 기간이 짧고, 투자 비용이 적게 드는 것도 장점이다. 오리지널 신약 개발로 이어지는 징검다리 역할을 해서 회사로서는 값진 기술 자산을 축적하는 이점도 있다.

개량 신약 개발을 시작하면서 아버지께 자세히 설명을 드렸다. 아버지는 철저하신 분이라 보고를 제대로 하지 않으면 꾸지람을 듣는다. 아버지의 질문에 대답할 수 있도록 나도 완벽하게 공부를 하고 말씀을 드려야 했다. 내 설명을 듣고 아버지는 개량 신약에 대해 이해하면서도 한편으로는 우려스러우셨던 듯하다. 내게 직접 묻지는 않으시고, 약학 박사인 강승안 사장에게 전화를 해 걱정을 하셨다고 한다.

"강 박사, 원료를 섞는 것도 기술이오?"

1990년대만 해도 우리나라에 '개량 신약'이라는 단어가 없었다. 처음에 어느 대학에 복합제 연구를 하자고 제안을 했다가 거절당했다. '그런 기술은 처음 듣는다'는 이유였다. 그 대학의 교수가 얼마 있다 외국 학회에 다녀온 뒤 우리 제안에 흥미를 보였다. 정부도 마찬가지였다. 복합제를 개발하면서 식약처에 의견을 물은 적이 있다. 공무원은 '뭐 이런 걸 가져왔냐?'는 표정으로 우리 담당자를 대했다고 한다.

아버지 표현을 빌려 말하면 '원료를 섞는 기술'의 첫 번째 성과는 〈맥스마빌〉이다. 1997년부터 연구를 시작해 2004년 11월 식약처(당시 '식약청')의 시판 허가를 받았으니 완제품이 나오기까지 7년이 넘게 걸렸다.

이전에 유유제약에서 내놓은 마빌(알렌드로네이트)은 국내 최초의 골다공증 치료제였다. 〈맥스마빌〉은 '알렌드로네이트'와 '칼시트리올' 성분을 복합시킨 골다공증 개량 신약이다. 두 성분은 골다공증 치료에 뛰어난 효과가 있지만 단일 제형 형태로 한꺼번에 섭취할 경우 성분이 충돌한다. 그래서 골다공증 환자들은 '알렌드로네이트'는 아침 식전 1회, '칼시트리올'은 아침저녁 식후 1회씩 따로따로 복용을 했다. 출하 후 유통 과정이 길어지고 시간이 지날수록 '칼시트리올'의 약효가 떨어질 가능성이 있었다. '알렌드로네이트'는 일부 환자들에게서 역류성 식도염, 위염을 일으켰다. 의사들은 골다공증 환자를 진료하면서 '약을 먹고 바로 누우면 안 된다'는 주의 사항을 반드시 말해야 했다.

유유제약이 개발한 〈맥스마빌〉은 이런 문제들을 획기적으로 개선했다. 유통 중에 약효가 떨어질 가능성은 성분을 이중으로 감싸서 변질을 막는 이중과립법으로 해결했다. 또 특수 약물을 사용해 위에서는 녹지 않고 장에서만 녹아 약효를 발휘하는 '장용코팅정제' 기술을 개발해 식도염, 위염을 일으

2장. 약은 곧 사람이다

키는 부작용을 해결했다.

〈맥스마빌〉이 나오면서 의사들은 "골다공증 약을 먹고 바로 누우면 안 된다"라는 말을 할 필요가 없어졌다. 환자들도 하루에 세 번 복용하던 불편함이 사라지고, 하루에 한 번 복용하면 되도록 간편해졌다. 특히 골다공증 환자에게 필수적인 칼슘, 비타민 D를 따로 섭취할 필요 없이 〈맥스마빌〉 하나로 해결할 수 있게 구성한 것은 큰 장점이었다.

〈맥스마빌〉은 우리나라 개량 신약 1호다. 〈맥스마빌〉 발매를 계기로 우리나라에 개량 신약에 관한 논의가 활발해지면서 국회에서 법률 제정이 이루어졌다. 이후 공무원, 교수, 전문가 들의 의견 교환을 거쳐 현재 '개량 신약'이 공식 명칭으로 자리를 잡았다.

'알렌드로네이트'와 '칼시트리올' 복합제 조성 비율, 제법으로 한국과 미국에서 특허를 얻었다. 미국 제약사 머크(MSD)의 알렌드로네이트 단일 제제인 '포사맥스'와 유유제약의 마빌이 양분하던 골다공증 치료제 시장에 복합제 〈맥스마빌〉이 뛰어들어 지금까지 선전해 온 것은 큰 기쁨이다. 원료를 국산화하여 국내 제약 산업 발전에도 기여했다.

〈맥스마빌〉 덕분에 큰 영광도 누렸다. 한국산업기술진흥협회가 주관하는 우리나라 최고 권위의 과학상 '장영실상',

한국신약개발연구조합이 주는 대한민국 신약개발 우수상, 한국보건산업진흥원 우수기술경진대회 장려상 등 각종 상을 휩쓸었다.

요즘은 '개량 신약'의 전성기라고 할 만큼 제약 회사마다 많은 투자를 하고 있다. 몇몇 제약 회사는 개량 신약 기술로 주가가 급등했고, 해외 수출도 활발하다. 국가에서도 차세대 유망 산업으로 정하고 지원을 아끼지 않고 있다. 이런 움직임은 모두 〈맥스마빌〉의 성공이 만들어 낸 사회적 변화다.

〈맥스마빌〉은 유유제약이 나아갈 방향을 명확하게 보여 주었다. 기존의 관행에서 벗어나 새로운 도전으로 이룬 성취감을 맛볼 수 있었다. 유유가 추구해야 할 제품 개발의 원칙도 〈맥스마빌〉을 통해 새롭게 정립할 수 있었다.

유유는 지금까지도 다른 회사 제품을 따라 생산하는 제품을 가급적 개발 대상에서 제외하고 있다. 남들이 하지 않은 새로운 도전을 통해 세상에 없는 독특한 신제품을 내놓으려고 노력한다. 이런 시도에는 어려움도 따른다. 국내외 임상 시험부터 직접 다 해야 하고, 시간과 돈도 몇 배 더 든다. 그러나 성공했을 때의 성취감, 만족감은 그 무엇과도 비교할 수 없다. 남들이 하는 것을 따라 하는 것은 재미없다. 힘들더라도 새로운 일에 도전해서 성공했을 때 훨씬 큰 영광이 따라온다.

이제 개량 신약은 엄청난 고부가가치 산업으로 자리를 잡았다. 우리나라에 개량 신약 개발의 붐을 일으키고, 첫발을 내디딘 주인공이 유유제약의 〈맥스마빌〉이라는 사실은 나와 직원들에게 오래도록 자부심으로 남을 것이다.

품질에는
타협이 없다

통계청 자료에 따르면 2016년 기준 우리나라 사람의 기대수
명(그해 출생자가 앞으로 생존할 것으로 기대되는 평균 생존 연수)은 평
균 82.4세다. 반면 건강수명(질병으로 고통받은 기간을 제외한 건강
한 삶을 유지한 기간)의 평균은 65.9세다. 기대수명과 건강수명
에는 약 17년의 차이가 있다. 기대수명과 건강수명의 차이는
고령기의 건강하지 못한 기간을 의미한다. 이 기간이 길수록
노년기 삶의 질이 좋지 않은 것으로 해석할 수 있다.

내가 눈여겨본 사회적 변화는 '고령 인구 증가'였다. 우리보다 앞서 경제적 풍요를 이룬 나라를 살피면 금세 이런 흐름을 알 수 있다. 우리나라는 1980년부터 1990년대 중반까지 경제호황을 누리면서 간과했을 뿐, 저출산과 맞물려 가파르게 고령화사회로 넘어가고 있었다.

'의약품도 시대에 맞는 변화가 필요하지 않을까? 늘어나는 고령 인구의 만성 질환 치료에 초점을 맞춘 연구가 필요하다!'

1989년 4월 중앙연구소를 설치했다. 1961년부터 운영해온 화학연구소를 확대하여 정부의 인가를 받은 것이다. 고령화사회에 대비할 수 있는 신물질 개발과 신제품 연구에 집중하기 위한 투자였다. 공인된 연구 체제를 갖춘 중앙연구소는 20여 가지의 정부 과제를 수행했다. 보건복지부, 산업자원부, 농림부의 과제를 진행하는 동안 우리 연구원들의 수준이 눈에 띄게 높아졌다. 신약 개발을 위한 정보 수집, 기술 축적 효과도 있었다. 이렇게 쌓은 노하우로 시작한 주제가 '티클로피딘(Ticlopidine)의 부작용을 줄이는 연구'였다.

유유제약은 1986년부터 프랑스 사노피그룹과 제휴해 항혈소판제제 중 대표적인 티클로피딘 단일제 〈유유크리드정〉을 국내에서 생산해 왔다. 티클로피딘은 허혈성 뇌혈관 장애를 포함한 색전 치료제로 널리 사용하는 원료다. 항혈전 작용이 탁월하여 뇌혈관과 말초동맥폐색 질환 치료에 효과가 있다. 그러나 일부 환자에게서 무과립구증이 나타났다. 무과립구증이란 백혈구 중 과립구가 갑자기 감소하거나 없어져 고열, 전신쇠약, 구강궤양 등을 일으키는 급성 질환이다. 대개 패혈증이나 디프테리아의 증상으로 나타나지만, 약제에 과민하게 반응하여 일어날 때도 있다.

티클로피딘의 부작용을 줄이는 실험을 하면서 은행엽 엑스(Ginkgo extract)의 활성 성분인 테르펜락톤(terpene lactones)을 함께 투여하면 부작용이 현저하게 감소하고 항혈전 효과를 높인다는 결과를 얻었다. 곧바로 식약처에 임상시험 계획을 제출하여 승인을 받았다. 오랜 임상을 통해 티클로피딘은 혈소판 응집을 억제하고, 테르펜락톤은 혈소판 응집 억제를 촉진한다는 결과를 증명했다. 테르펜락톤이 혈관을 확장시켜 혈액순환을 개선한다는 새로운 임상 결과까지 입증했다. 2008년 식약처의 시판 허가를 받아 허혈성 뇌졸중 치료제 〈유크리드〉를 출시했다.

사실 이 연구는 앞서 언급한 〈맥스마빌〉보다 먼저인 1996년쯤 시작을 했다. 임상 시험 결과 자료를 제출했는데 식약처의 검증 과정이 길어지고 승인이 늦어지는 바람에 2008

년에야 세상에 나올 수 있었다. 연구에서 제품 출시까지 꼬박 12년이 걸렸다. 긴 시간과 많은 비용이 들었으나 그것을 아깝다고 생각한 적은 없다. 12년 동안 투자와 연구를 지속하면서도 최고의 품질로, 세상에 하나뿐인 의약품을 낸다는 희망이 긴 시간과 노력을 버티게 해 주었다.

〈유크리드〉는 세계 최초로 티클로피딘과 은행엽 엑스를 복합한 개량 신약이자, 〈맥스마빌〉에 이은 유유제약의 두 번째 개량 신약이다. 티클로피딘이 일으키는 부작용을 최소화하여 환자 순응도를 높였다. 앞으로 노령 인구가 늘어나 뇌졸중, 심근경색, 만성동맥 폐색증 환자가 많아질수록 쓰임이 커질 것이다. 지금은 특히 스텐트 삽입 환자에게 유용하게 쓰이고 있다는 임상 결과를 이끌어 냈다.

〈유크리드〉가 시간을 이겨 낸 결과라면, 우리 회사의 대표 상품 〈타나민〉은 비용의 압박을 극복한 결과물이다. 어느 날 연구소장과 제약 업계 동향에 관한 대화를 나누던 중 은행엽 제제에 관한 이야기가 나왔다.

"사장님, 요즘 제약 회사들이 은행엽 추출물을 제품화하는데, 전망이 아주 밝습니다. 우리도 한번 검토를 해 보면 어떨까요?"

"은행엽 추출물이라고 하면 독일 슈바베가 세계 최고의

기술을 가지고 있지 않습니까?"

나는 당장 독일 슈바베에 연락을 해서 우리 회사 연구소와 미팅 약속을 잡았다. 독일 슈바베는 천연 약물 연구에서 세계 최고의 실적을 지닌 회사다. 유유제약은 1975년부터 슈바베와 기술 제휴를 하여 종창(염증이나 종기 등으로 인해 피부가 부어오르는 증상) 치료제인 베노플란트(지금의 '베노플러스겔') 정제와 주사제를 생산해 왔다. 슈바베는 지구상에 존재하는 물질을 연구하여 새로운 효능을 찾아내는 생약 전문 회사다. 1945년 일본 히로시마에 원자폭탄이 투하되어 온 도시가 황폐해지고 식물이 전부 말라 죽었을 때 은행나무 여섯 그루가 생존했다는 것에 착안해 은행엽 연구를 시작했다. 1960년대 세계 최초로 은행엽 추출물을 개발해 지금은 70여 개국에 수출하고 있다. 슈바베는 한동안 우리나라에서 은행엽을 대량 수입해 가기도 했다. 그때까지 은행엽의 약효를 몰랐던 우리나라 사람들은 "길거리에 흔한 나뭇잎을 뭐하려고 저리 많이 사 가나?" 했다고 한다.

우리나라 가로수 중 벚나무 다음으로 많은 은행나무는 인간에게 무척 유용한 식물이다. 도심의 대기오염 속에서도 굳건히 자랄 정도로 강하고 가뭄에도 잘 견딘다. 도심의 참나무에서 500여 종의 애벌레가 자라는 반면, 오직 한 종의 애벌

레만 자랄 만큼 은행나무는 병충해에 강하다. 옛 문헌을 보면 서화나 옷이 습기로 축축해져 썩으려 할 때나 옷에 묻은 기름 때를 제거할 때 은행엽을 썼다는 기록이 있다.

유유제약은 슈바베와 공동 연구를 시작해 1997년 국내 최초로 은행엽 추출물을 이용한 주사제 〈타나민주〉를 내놓았다. 〈타나민주〉는 뇌 혈액순환 장애와 영양장애에 뛰어난 효과가 있다. 즉 이명, 어지럼증과 기억력 감퇴 등에 효과가 있다. 또 손발이 저리고 차가운 말초동맥 순환장애를 줄여 주고, 걸을 때 다리가 저리고 통증을 느꼈다가 쉬면 다시 나아지는 보행 불편 환자에게도 도움을 준다.

유유제약이 정제가 아니라 주사제 개발에 심혈을 기울인 이유는 치료 면에서 주사제의 강점이 컸기 때문이다. 1990년대 우리나라에는 은행엽 제제 열풍이 불고 있었다. 혈액순환에 도움이 된다는 소문이 퍼지면서 중년층 사이에서 큰 인기를 끌었다. 국내 굴지의 제약 기업들이 앞다투어 정제 개발에 돌입하여 대대적인 광고를 하면서 일반 의약품 시장을 장악해 가고 있었다. 우리는 전문 의약품에 집중해 주사제 〈타나민주〉를 먼저 개발해서 타사와 차별화했다. 임상시험을 해 보니 정제는 치료 효능이 나타나기까지 3~4주가 걸리는데, 주사제는 1~2주 안에 효과를 볼 수 있었다.

한편으로는 정제 형태의 〈타나민〉의 주성분인 은행엽 엑스 추출법도 독자적으로 개발했다. 광고를 많이 하는 A사는 한 정에 은행엽 엑스를 7mg, 은행엽 엑스 국내 특허를 가진 B사는 3.5mg을 넣을 때 우리는 40mg을 함유한 정제를 개발해 허가를 신청했다. 하지만 우리가 신청한 40mg 정제 허가가 늦게 나오는 바람에, 우리를 따라서 용량을 늘려 제품을 먼저 출시한 회사가 큰돈을 버는 아쉬운 일도 있었다.

〈타나민〉의 주성분은 'EGb761'이다. 'EGb761'은 'Extract of Ginkgo Biloba 761'의 약자로, 슈바베가 개발한 수백, 수천 가지의 샘플 중 성분 배합비가 가장 뛰어난 761번째 샘플을 표준화한 원료라는 뜻이다.

은행엽 제제는 은행잎의 유효 성분을 추출하는 기술 못지않게 유해 성분을 제거하는 기술이 중요하다. 은행엽의 독성을 추출하는 방법에 따라 원료의 품질은 천지 차이가 난다. 슈바베는 독성을 빼는 기술로 독일 특허를 땄다. 특수 추출 공정을 27단계 거쳐 유해 성분 26가지를 제거하고 유효 성분 31가지를 응축한다. 순도와 안전성, 성분 일관성(batch-to-batch consistency)에서 세계 최고 품질이다.

이렇다 보니 독일에서 원료를 가져오는 〈타나민〉은 원가율이 높을 수밖에 없다. 중국산 원료를 사용하는 시중 제품과 비교했을 때 원료 가격이 최고 16배나 높다. 원료에 따른 품질 차이를 아는 의사, 약사 들은 〈타나민〉을 선호할 수밖에 없다. 〈타나민〉이 한창 잘 팔릴 때는 전체 회사 매출의 3분의 1을 차지할 정도로 큰 성공을 거두었다.

2007년 유유제약의 대표 상품으로 자리 잡은 〈타나민〉이 큰 위기를 맞았다. 보험 당국이 치매만 보험급여를 인정하고, 다른 증상에 대해서는 보험급여 제한 조치를 내렸다. 건강보험 재정이 악화되고 있다는 비난이 커지자 재정 안정화를 이유로 처방이 많이 나오는 약품들을 보험급여에서 제외시켜 버렸다. 보험급여 대상에서 빠지니까 의사들은 소비자 부담이 큰 〈타나민〉을 처방하지 않았다. 우리 회사 매출에서 가장 큰 비중을 차지하는 주력 상품이 타격을 입으면서 회사 전체가 휘청거렸다. 매출이 줄면서 2000년대 이후 지속해 온 회사 성장세가 꺾였다. 내가 경영을 하면서 숱한 위기를 겪었지만 이때만큼 힘들었던 적이 없다. IMF 외환 위기 때보다 이 시기가 훨씬 어려웠다.

회사에 비상사태를 선언했다. 연구소는 〈타나민〉이 중추성 어지러움에 효과가 있다는 임상 자료를 제출해서 보험급여 복원을 요청했다. 영업본부에서는 약국 판매용으로 생산하던 40mg, 80mg 용량 이외에 120mg을 추가 발매하고 마케팅을 강화하였다.

나중에 알았지만 그때 일부 직원들이 〈타나민〉 원료를 바꾸는 것을 검토했다고 한다. 독일 슈바베가 아닌 중국이나 다른 지역에서 저렴한 가격에 사 오면 아무래도 원가율이 대폭 줄어들 테니까 위기를 이겨 내는 데 조금이라도 도움이 될 것이라 생각한 모양이다. 비교를 해 보니 '원료를 바꾸면 현재 〈타나민〉의 효과를 낼 수 없다'는 결과가 쉽게 나왔다. 직원들끼리 "회장님이 원료 값을 줄여서 〈타나민〉의 약효가 떨어지는 것을 절대 허락하실 리 없다. 괜히 야단만 맞는다"라며 검토를 접었다고 한다.

이후 보험공단에 제출한 임상 자료가 채택되어 일부 증상에 대한 보험급여가 복원되고, 약국 판매가 활성화되면서 〈타나민〉의 매출은 서서히 회복되고 있다. 현재 시중에 나와 있는 은행엽 제제는 150여 가지나 된다. 그중에서 유유제약의 〈타나민〉이 가장 우수하고, 안정적인 원료를 사용하고 있다고 자신한다. 오죽하면 의사들이 "환자에게는 가격이 싼 ○○사 은행엽 제품을 처방하고, 가족에게는 비싸도 원료가 좋은 〈타나민〉을 준다"라고 우스갯소리를 했을까. 언젠가는 〈타나민〉의 진심이 시장에서 통할 것이라 믿고 지금도 마케팅에 주력하고 있다.

아무리 어려운 상황이 닥쳐도 유유제약이 만드는 제품의 품질에는 타협이 없었다. 앞으로도 그럴 것이다. 어떠한 순간에도 품질에서만은 타협하지 않은 유유제약의 원칙은 78년을 지켜 온 유유제약의 자산이다.

영업은 기업의 꽃,
그중에 제일은 이익이라

영화 〈국가부도의 날〉을 보았다. 1997년 말 외환 위기를 벗어나기 위해 IMF로부터 돈을 빌리는 과정에서 있었던 여러 가지 실화를 바탕으로 한 내용이었다. 국가가 경제 주권을 잃은 참혹했던 그 시절이 떠올라 보는 내내 마음이 아팠다.

6·25 전쟁의 폐허를 딛고 일어선 우리나라는 1977년 수출 100억 불 달성, 1988년 서울올림픽 성공적 개최, 1996년 OECD 가입 등 '한강의 기적'을 이루었다. 그러나 눈부신 성

장에 취해 경제의 뿌리가 썩고 있는 것을 알지 못했다.

1997년 해외에 갚아야 할 채무가 1,500억 달러를 넘었고, 외환 보유고는 바닥을 드러냈다. 재계 순위 열 손가락 안에 들던 대우, 한보, 기아가 쓰러졌다. 환율이 치솟으며 수출입 경제는 마비되었다. 경제부총리가 '국제통화기금(IMF International Monetary Fund)에 자금 지원을 요청한다'는 긴급 인터뷰를 했던 기억이 생생하다. 정말 "국가가 부도났다"라는 과격한 표현이 딱 맞았다.

제약 업계도 IMF 외환 위기는 혹독했다. 1997년 말부터 1999년 초까지 부도를 맞은 제약 기업이 열여덟 개 회사에 달했다. 부채를 늘려 외형 성장에 집중한 기업은 금리가 높아지고 환율이 폭등하자 시련을 겪었다. 광고를 많이 하면서 OTC 제품에 주력한 제약사들은 환율 상승에 따른 제조 원가가 인상되고 소비 심리가 꺾이면서 한순간에 무너졌다. 제약사들은 대대적인 구조조정을 단행하는 등 필사적인 자구 노력으로 위기를 견디어 내고 있었다.

반면 유유제약은 IMF 외환 위기를 큰 흔들림 없이 보냈다. 제품 포트폴리오를 미리 정비해서 효율성을 높였고, 외형 성장보다는 내실을 다지는 경영을 10여 년간 계속해 왔기 때문이다. 엄청난 위기가 올 것이라고 예상한 것은 아니지만,

평상시 유유제약의 재무 구조를 건강하게 만들어 놓은 결과였다.

1987년 경영을 맡으면서 외형 성장보다는 이익을 우선하는 PCS(Profit Center Sheet, 영업이익지침) 제도를 도입했다. PCS는 사업 단위인 영업소별로 권한을 부여하되, 판매뿐 아니라 판매 관리비까지 감안하여 수익 관리를 책임지는 원가 관리 개념의 제도이다. 영업소는 물건을 파는 일, 돈을 받아오는 일은 물론 물건을 팔기 위해 쓴 판촉비, 사무실 관리비까지 모두 넣어 손익 결과를 산출했다.

처음에는 영업 사원들의 반발이 만만치 않았다. 영업은 조직의 모든 역량이 발휘되는 '기업의 꽃'이지만 가장 변하기 힘든 분야이기도 하다. 유유제약 영업도 전통적인 방식을 답습하고 있었다. 한번 영업에 성공하고는 몇 달을 노는 사람이 있는가 하면, 약국을 돌며 시간을 때우다가 저녁이면 빈손으로 들어오는 영업 사원도 있었다.

PCS 방식으로 영업 실적을 산출하면 이렇게 일을 할 수 없다. 매출만 높다고 일을 잘하는 것이 아니라 비용은 적게 쓰고, 대금까지 입금을 완료해야 '일을 잘했다'는 평가를 받는다. PCS 제도를 시행하면서 영업소는 기존의 영업 방식을 바꿀 수밖에 없었다. 매달 결과가 적나라하게 공개되니까 자연스럽게 지점끼리 경쟁이 이루어졌다. 영업소별 순위도 뒤바뀌었다. 비용을 많이 쓰면서 영업을 해 온 지점은 이익이 적기 때문에 순위가 뚝 떨어졌다. 반면 알뜰하게 영업을 해 온 지점은 순위가 올라가 회사가 주는 특별한 혜택을 누릴 수 있었다.

각 지점은 수익성 높은 품목을 선별하여 마케팅에 집중했다. 영업 사원들은 가격을 할인해서 무조건 매출을 올리기보다는 제품의 우수성을 설명하고 제값을 받는 영업을 펼쳤다. 회사도 관리가 편해졌다. 매출, 비용, 이익 수치가 명확하게 드러나니까 그에 따른 대책만 세우면 된다. 미수, 외상 거래가 줄고 돈이 들고나는 것을 한눈에 파악할 수 있었다. 나는 전국을 돌면서 영업 사원들과 대화하고 실적을 독려했다. 처음에는 PCS 방식에 부정적이던 영업 사원들도 내 설명을 듣고 점차 제도에 동참했다.

PCS 제도를 도입하면서 1990년대 유유제약의 매출 성장에는 다소 등락이 있었으나 수익률은 꾸준히 성장 곡선을 그렸다. 회사 전체로는 생산성이 향상되고 생산 원가가 감소하는 혁신까지 이루어졌다. 철저하게 내실 위주로 짜임새 있게 경영을 했던 것이 IMF 외환 위기, 글로벌 금융 위기를 충격 없이 넘길 수 있었던 비결이었다.

나는 경영을 하면서 영업 사원, 도매상들과의 술자리를 마다한 적이 없다. 젊은 시절 공부만 한 사람이라 내가 술을 마시지 못할 것이라 선입견을 가졌던 사람들이 깜짝 놀랄 정도로 많이 마셨다. 회사에서는 보통 1년에 한두 번 사장의 영업소 순회 계획을 세운다. 일주일 정도 날을 잡아 전국 11개 지점을 전부 돌았다. 어떤 날은 하루에 두 지역을 가야 하는 날도 있었다. 낮에는 영업 담당자와 마라톤 회의를 하거나 지역 도매상들과 미팅을 하고 저녁에는 식사와 술자리가 이어졌다. 술자리는 보통 새벽 서너 시까지 계속되었다. 나는 이런 자리에서 술을 마다하거나 먼저 일어나지 않았다. 내가 술을 그렇게 잘 마시는지 나도 몰랐다. 미국에 있을 때는 술을 마실 일이 거의 없었고, 한국에 와서도 일부러 찾아 마신 적은 없다. 나는 술을 많이 마시지도, 좋아하지도 않지만, '중요한 회사 일'이라고 생각하고 열심히 마셨다. 영업 사원, 도매상에게 강한 모습을 보이려고 최선을 다해 술을 마셨다.

술을 마시고 새벽에 숙소에 들어가서 두세 시간 정도 눈을 붙이고 다음 날 아침 약속 장소로 나갔다. 다음 일정이 잡혀 있기 때문이다. 전날 아무리 술을 많이 마셨어도 아침 출발 시간에 늦어 본 적이 없었다. 나는 정신이 체력을 지배한다고 믿는다. 몸은 힘들었지만 '내가 맡은 일을 해 내야 한다'

는 강한 정신력이 나를 일으켜 세웠다.

IMF 외환 위기가 유유제약에 새로운 기회를 만들어 주기도 했다. 이 무렵 유유제약에는 2000년 의약분업과 전 국민 의료보험 시대를 대비한 전산 투자가 필요했다. 그러나 IMF 체제가 언제 끝날지 모르는 상황에서 대규모 투자를 결정하기가 쉽지 않았다. 나는 깊은 고민 끝에 IT 인프라 구축을 결정했다. '유유의 더 나은 내일을 위한 투자'라고 생각하고 과감하게 결정했다. 인사, 재무, 회계, 생산, 영업 전 분야 관리를 전산화시켰고, 전국 영업점과 공장을 잇는 시스템을 구축했다.

첨단 IT 서비스를 기반으로 영업 사원을 위한 PDA 시스템도 도입했다. 유유는 제약 업계 최초로 PDA를 활용해 주문을 받고 배송을 시작했다. 지금이야 스마트폰, 태블릿PC가 일반화하여 PDA 사용이 줄었지만 2000년 제약 업계 최초로 PDA를 도입한 것은 영업 사원들의 일하는 방식을 바꾼 일대 혁신이었다. 영업 사원이 PDA로 발주를 하면 24시간 내에 물건을 배송하여 고객 만족도가 높아지고 비용이 절감되어 업무 효율성이 높아졌다. 판매, 재고, 입출고, 발주 현황 등 영업 결과가 바로 나온다.

PDA를 도입하면서 영업 사원 관리도 훨씬 수월해졌다.

예전에는 먼 거리에 있는 병원이나 약국에 영업을 가더라도 영업 사원을 일단 회사로 출근하도록 했다. 그래야 영업 사원이 무슨 일을 하는지 확인을 할 수 있었기 때문이다. 영업 사원은 재고 파악이나 배송 상황이 궁금하면 회사에 전화를 해서 물었다.

PDA를 도입하면서 영업 사원이 어디에서 무슨 일을 하고 있는지 실시간으로 파악할 수 있었다. 사무실 출퇴근을 하지 않아도 관리자에게 보고가 되니까 영업 사원들은 현장에서 더 많은 시간을 보낼 수 있었다. 유유는 PDA를 도입하고 나서 영업 생산성이 훨씬 높아졌다.

30년 넘게 경영을 하면서 지금 생각해도 잘했다 싶은 것이 몇 가지 있다. IMF 외환 위기라고 모두들 투자를 꺼릴 때 과감하게 IT 시스템을 구축한 일은 잘한 일이다. IT 시스템은 2000년대 유유가 지속적인 성장할 때 충실한 조력자 역할을 해 주었다. PCS 제도를 도입해 영업 사원들이 일하는 방식을 바꾼 것도 회사의 경쟁력을 높여 주었다. PCS 방식 덕분에 모두들 힘들다고 아우성이던 IMF 외환 위기, 글로벌 금융 위기를 수월하게 넘길 수 있었다.

21세기 디지털 시대의 경쟁력은 빠른 정보 수집과 정확한 대응력이다. 적절한 투자와 시스템이 뒷받침되지 않았다면 회사는 뒤처졌을지도 모른다. 경영자는 올바른 판단과 최상의 선택을 해야 한다. 경영자가 가장 좋은 결정을 최적의 시기에 내렸을 때 최상의 결과가 나온다. 그래서 경영은 한없이 어려우면서 무척 재미있는 일이기도 하다.

"가장 값진 것은 돈, 명예가 아니라 사회를 위해 남기는 것이다"

"손녀 유일링에게는 대학 졸업 때까지 학비 1만 달러를 준다. 딸 유재라에게는 유한중·고등학교 안에 있는 땅 5,000평을 물려준다. 이 땅을 유한동산으로 꾸며 주기 바란다. 유한동산에는 학생들이 마음대로 드나들 수 있도록 울타리를 치지 마라. 아들 유일선은 대학까지 공부시켰으니 앞으로는 자립해서 살아가라. 나머지 내가 가진 모든 재산, 유한양행 주식 전부를 한국 사회 및 교육신탁기금에 기증해 교육 사업과 사회사업에 쓰도록 하라."

1971년 우리 사회를 떠들썩하게 했던 유한양행 창업자이
자 나의 큰아버지 유일한 회장의 유언장 내용이다. 세상을 떠
나면서 자신의 재산을 자식이 아닌 사회에 내놓는다는 사실
이 우리 사회에는 신선한 충격이었다. 손녀에게 남겨 준 1만
달러는 지금 돈으로 약 1,000만 원 정도이니 대학 4년 학비로
쓰기에는 모자란 금액이다. 딸에게 물려준 유한동산 땅은 팔
수 없는 부동산이고 그나마도 관리를 맡긴 셈이니 유산이라
보기 어렵다. 자신이 가진 전 재산을 아낌없이 기부하면서 모
범을 보여 준 기업인이 유일한 회장이다.

나는 큰아버지가 돌아가셨을 때 미국에 있느라 이 과정
을 제대로 지켜보지 못했다. 큰아버지는 내가 미국에 유학을
갈 수 있도록 후견인 역할을 해 주셨다. 넓은 세상을 경험할
기회를 만들어 주신 분이라 늘 감사한 마음을 가지고 있다.
큰아버지가 우리나라를 대표하는 기업인으로 교과서에 실리
고 위인전기가 나오는 것을 보면서 뿌듯했다. '노블레스 오블
리주'의 표상으로 우리 사회에서 존경을 받는 것이 무척 자랑
스러웠다.

얼마 전 대통령이 유한대학교 졸업식에서 축사를 하면

서 널리 알려졌지만 큰아버지는 젊은 시절 조국의 독립에 헌신한 독립 운동가이다. 대통령이 수많은 대학 중에 이 학교를 찾은 이유를 '설립자 유일한 선생의 정신 때문'이라고 설명했다. 큰아버지는 어린 나이에 유학길에 올라 미국에서 성장하면서도 '독립군 사령관'이 꿈이었다. 열다섯 살에는 한인소년병학교에 들어가 일본을 공격하는 특수 훈련을 받았다. 재미 한인들로 구성된 맹호군을 창설하여 독립군으로 활동했다. 1919년 3·1 운동이 일어났을 때는 미국 필라델피아에서 열린 '한인자유대회'에 참가하여 우리나라가 독립을 해야 하는 이유를 발표했다. 기업 경영을 하면서도 독립 활동을 지속적으로 도왔다. 그가 독립운동가였던 사실은 세상을 떠난 뒤에 알려졌다. 누군가 이 이야기를 알리려고 하면 "당연한 일을 했을 뿐 특별한 일을 하지 않았다"라며 말하지 못하게 했다. 그의 생전에 독립유공자로 선정되어 국가에서 주는 혜택을 받을 기회가 있었지만 끝내 거부했다.

큰아버지는 아홉 살 때 혼자 미국으로 갔다. 일찍 개화하신 유기연 할아버지는 선교사에게 부탁해 장남을 미국으로 보낼 결단을 내렸다. 할아버지는 아홉 살 큰아들에게 "미국의 앞선 문물을 배워 조국과 동포를 구하라"라는 과제를 주셨다. 어린아이가 이 말을 어떻게 이해했는지는 모르겠으나, 큰아버지는 평생 이 약속을 지키며 살았다.

미국에 도착한 큰아버지는 미국 네브래스카주에 정착했다. 독실한 기독교 신자였던 터프스 자매의 집에서 숙식을 제공받는 대신 텃밭농사, 정원 가꾸기, 청소와 잔심부름을 했다. 석탄 난로 불 지피기, 석탄 나르는 일도 유일한 어린이의 몫이었다. 어렵게 공부해서 고등학교를 졸업했지만 바로 대학에 진학하지 못했다. 아버지가 보내온 편지 때문이었다.

"내가 북간도 연길에서 한인 교육과 독립운동을 지원하다가 일제의 탄압으로 곤경에 처해 있다. 이제 고등학교도 졸업했으니 돌아와서 어려운 집안을 돌보아 주면 좋겠다."

"아버지 편지를 받고 고심을 했습니다. 하지만 저는 이곳에 남아 대학에 진학하고 싶습니다. 대신 은행에서 대출받은 100불을 보내니, 이 돈으로 급한 일을 처리하세요."

이 돈은 큰아버지가 회사에 취직해서 월급을 받아 갚겠다는 계획서를 은행에 제출하고서 빌린 돈이었다. 큰아버지는 디트로이트에 있는 에디슨발전기회사 변전소에 취직했다. 다른 이들의 숙직 당번을 대신 서는 것은 물론이고 크리스마스에도 일을 해서 채 1년도 되기 전에 대출금 100불을 모두 갚았다.

미시간 대학에 진학한 큰아버지는 이때부터 사업가의 기

질을 발휘했다. 다른 학생들이 학비를 벌기 위해 식당이나 상점에서 아르바이트를 할 때 큰아버지는 작은 사업을 시작했다. 미국으로 이주한 중국인들이 고향을 그리워하는 것에 착안해 중국에서 만든 손수건, 노리개, 장식품을 구해서 팔았다. 나중에는 장사가 너무 잘되어 팔 물건이 모자랄 정도로 사업 수완이 좋았다. 덕분에 학비 걱정 없이 대학에 다닐 수 있었다.

대학을 졸업한 후에는 제네럴일렉트릭 회사에서 일하다가, 곧바로 숙주나물 사업을 시작했다. 숙주는 중국 음식에 자주 사용하는 재료인데 금방 쉬어 버리는 것이 단점이다. 미국인들은 중국 음식은 좋아하지만 숙주나물이 안전하지 않다고 생각해서 중국 음식 먹기를 꺼렸다. 큰아버지는 숙주나물을 깨끗하게 씻은 뒤에 속이 보이는 유리병에 넣어 팔았다. 나중에는 유리병보다 더 오래 보관할 수 있는 통조림 기술을 개발했다. 큰아버지가 판매한 숙주 통조림은 중국인은 물론 미국인들에도 큰 인기를 끌었다. 디트로이트에서 멀리 뉴욕까지 불티나게 팔렸다.

숙주나물이 너무 잘 팔려서 미국 내에서는 더 이상 원료인 녹두를 구할 수 없었다. 큰아버지는 녹두를 구입하기 위해 중국으로 갔다. 그리고 21년 만에 북간도에 계신 부모님을 찾아갔다. 그때 큰아버지가 본 우리 민족의 모습은 비참했다. 일본에게 온갖 괴롭힘을 당하고 있었다. 쌀이 없어서 풀뿌리를 캐서 끓여 먹고, 나무껍질을 벗겨 먹으며 살았다. 많은 사람들이 더럽고 비좁은 공간에 모여 살다 보니 전염병이 자주 생겼다. 간단한 약으로 고칠 수 있는 병인데도 목숨을 잃는 경우가 많았다. 가난해서 약을 사지 못했고, 혹시 돈이 있어도 살 수 있는 약이 충분하지 않았기 때문이다.

조국이 가난하고 국민이 헐벗어 있는데 그대로 지켜볼 수만은 없었다. 나날이 발전하던 식품 사업은 동업을 하던 친구에게 넘겼다. 회사를 판 돈으로 당장 필요한 기생충, 결핵, 피부병, 말라리아 치료약을 샀다. 큰아버지는 1927년 한국으로 돌아왔다. 미국에서 가져온 약을 조그만 크기로 나눠 포장해 팔기 시작했다.

그때 큰아버지가 고국에 와서 시작한 제약 사업이 아버지와 나의 운명까지 결정한 셈이다. 아버지가 안정적인 관료의 길을 마다하고 제약 사업에 뛰어든 것도 유일한 회장의 영향이 컸다. 제약 사업을 대하는 자세도 큰아버지와 아버지는 닮았다. 함께 일하면서 사고방식, 사업 스타일을 배워 간 것이 아닌가 싶다. 큰아버지가 미국에서 약을 수입해 왔을 때는 약이 귀하던 시절이라 얼마든지 비싼 값을 받을 수 있었다.

하지만 그러지 않으셨다. 가능한 한 싸게 팔아서 더 많은 사람들이 이용할 수 있어야 한다고 생각했기 때문이다. 아버지도 비타민제 〈유비타〉, 〈비타엠〉 항결핵제 〈유파스짓〉을 거의 독점 판매하면서도 폭리를 취하지 않으셨다. '약이 저렴해야 더 많은 사람들이 부담 없이 복용할 수 있다'는 이유에서였다.

큰아버지는 해방 이후 정치를 하라는 권유를 많이 받았다. 남과 북이 분단된 상황에서 남쪽은 미국이 통치하고 있었다. 큰아버지는 미국에서 오랫동안 생활해 영어에 능통했고 미국 주요 인사들과 유대가 깊었다. 기업 경영을 잘해서 꽤 많은 재산을 모았고, 국민들로부터 인지도도 높았다. 정치인으로 나서기에 무척 좋은 조건이었다. 하지만 정치에는 한순간도 눈을 돌리지 않았다. 이승만 대통령은 큰아버지를 직접 불러 '초대 상공부장관을 맡아 달라'는 제안까지 했다. 이 역시 '기업 경영에 전념하고 싶다'며 거절했다. 정치인, 기업인 할 것 없이 절대 권력자를 만나지 못해 안달하던 시절에 대통령의 명을 몇 번이나 거절하는 그를 정치인들이 곱게 볼 리 없었다. 정치 자금을 내라는 종용을 받아도 끝내 거부했다.

"나는 불법적인 정치 자금은 한 푼도 내지 못합니다. 우리는 좋은 약을 만들어 동포들에게 봉사하고 정당한 세금을 국가에 바칩니다. 그 밖의 돈은 절대 낼 수 없습니다.”

그 때문에 이승만 대통령과 관계가 틀어지고 정치인들의 미움을 사서 한동안 미국에 머물러야 했다. 회사는 억지 세무 조사를 받고, 수시로 괴롭힘을 당했다.

큰아버지가 지킨 원칙이 우리 집안사람들 사이에서는 지금까지 불문율로 지켜지고 있다. 열심히 사업을 해서 국가에 정당한 세금을 내는 것은 자랑스러운 일이다. 그러나 특정 정치인과 결탁해서 이권을 얻거나, 유리한 위치를 차지하기 위해 정치 자금을 대는 일을 하지 않았다. 나는 유일한에서 유특한으로 이어지는 ‘원칙’을 보면서 자랐다. 나 역시 이 원칙들을 지키며 정직하고 투명하게 기업을 경영해 왔다. 유유제약이 수많은 어려움을 겪으면서도 78년 동안 장수할 수 있었던 비결은 바로 제약 기업이 가져야 할 건강한 생각, 소중한 가치들을 잘 지켜 왔기 때문이라고 믿는다.

일제 강점기에
양성평등을 실천한 선각자

'이제 겨우 아홉 살 어린아이를 미국이라는 먼 나라로 보내도 괜찮을까? 조국은 나날이 힘을 잃어 가고 곧 일본의 식민지로 전락할 것이다. 일본은 이미 몇 십 년 전부터 서구 문명을 받아들여 하루가 다르게 발전하고 있다고 하던데…. 이럴 때일수록 조선에도 인재가 필요하다. 외국의 앞선 문물을 배워 와서 조국과 동포를 구해야 한다!'

1904년 유기연은 미국인 선교사 사무엘 마펫으로부터

"대한제국 외부참서관 박장현이 미국을 거쳐 멕시코로 가는데 학생 두세 명을 미국에 데려가서 유학시킬 예정"이라는 말을 들었다. 이때 유기연은 아홉 살 아들 일한을 넓은 세상, 미국으로 보낼 결심을 한다.

유기연은 나의 할아버지로, 유일한과 유특한의 아버지이다. 할아버지는 경상북도 예천의 가난한 양반집 둘째 아들로 태어났다. 모험심이 강하고 야심에 찬 젊은이였다. 가난에 허덕이면서도 양반 전통과 법도만 따지는 환경이 답답했다.

'어디로 가서 무슨 일을 하면 돈을 모을 수 있을까?'

할아버지는 서울, 개성을 거쳐 평양으로 갔다. 당시 평양은 서양 선교사들이 들어와 외국 문물과 개화사상이 널리 퍼져 있었다. 스무 살에 고향을 떠난 할아버지는 평양에서 장사를 시작했다. 해산물, 농산물 도매상을 했고, 제물포를 드나들며 비단을 거래했다. 세계적으로 유명한 미국산 싱거미싱(재봉틀) 평양 대리점을 운영하기도 했다. 사업 수완이 좋았던 할아버지는 이때 꽤 큰돈을 벌었다고 한다.

평양에서 기독교를 접한 것이 할아버지의 인생을 바꾸었다. 1901년 평양에 장로회신학교를 설립한 선교사 사무엘 마펫에게 기독교 세례를 받고, 스스로 상투를 잘랐다. 교회를 다니면서 할아버지는 서구 문명에 일찍 눈을 떴다. 유길준,

서재필, 안창호 등 일찍 외국 유학을 다녀온 인사들의 활약을 보면서 큰아들을 미국에 보내겠다는 결심을 굳혔다.

물론 할머니는 반대했다. 장남을 머나먼 미국에 보낸다는 남편의 결정을 받아들일 수 없었을 것이다. 할아버지 뜻에 반대하며 며칠 동안 밥을 먹지 않으며 맞섰다. 큰아들을 데리고 친정으로 가 버리기도 했다. 그러나 할아버지의 결심을 꺾을 수는 없었다고 한다.

할아버지는 진정한 프런티어(frontier)였다. 고향을 떠나는 일이 드물던 시절에 돈을 벌겠다며 아무런 연고도 없는 평양으로 갔다. 낯선 종교인 기독교를 받아들이고 스스로 단발을 하셨다. 낡은 봉건의 굴레를 잘라 없애 버리신 분이다. 보수적인 지역 양반 가문 출신으로는 쉽지 않은 결단이었을 것이다.

나는 열일곱 살에 혼자 미국에 가서 고생을 하면서도 어떻게든 그 상황을 헤쳐 나가겠다는 생각만 했다. 개척정신이 없는 사람이 그런 상황에 놓이면 우울증에 걸릴지도 모른다. 다행히 나는 어려운 일이 닥치면 극복하고 말겠다는 목적이 뚜렷해진다. 이런 자질은 평생을 프런티어로 사셨던 할아버지로부터 이어진 유전자가 분명하다.

할아버지는 평양에서 사업에 성공하면서 항일운동에 가

담하여 독립운동에 돈을 대셨단다. 일정 정도 금액이 모이면 맏딸 선형을 시켜 북간도 독립운동단체에 보냈다. 1906년 미국 샌프란시스코에 지진이 발생했을 때에는 재미동포를 위한 재해 의연금을 기부하기도 했다.

1910년 일제가 강제로 한일병합 조약을 맺자 할아버지는 더 이상 평양에 머물 수가 없었다. 일제의 감시가 심해져 활동의 제약이 컸기 때문이다. 할아버지는 가족을 이끌고 중국 연길로 이주했다. 연길 중심가에서 냉면 식당을 운영하면서 독립운동을 계속했다. 손님이 식당에 와서 갓을 벗고 그 밑에 편지를 놓으면, 할아버지는 냉면을 상에 놓는 척하면서 편지를 가져갔다. 주방에서 몰래 편지를 읽으면서 독립운동 활동 상황을 파악하고, 봉투에 돈을 넣어 상을 치우면서 갓 밑에 넣어 두었다.

할아버지는 연길에 교회를 설립하고, 공부할 기회가 없는 여성들을 위해 길신여학교를 세웠다. 당시 북간도에서 활동하고 있던 이상설과 이동녕이 운영하던 서전의숙, 김약연의 명동학교에 할아버지가 보낸 자금이 쓰였다.

할아버지는 당시로는 드물게 양성평등을 실천한 선각자이기도 하다. 그때는 부잣집에서도 아들은 공부를 시켜도 딸은 '시집가면 그만'이라며 글조차 가르치지 않았다. 할아버지는 아들과 딸을 차별하지 않고 제대로 교육을 시켰다. 첫째 선형 고모는 숭의학교에서 공부하고 할아버지가 세운 길신여학교에서 교사 생활을 했다. 둘째 신형 고모는 평양에서 공부했지만 열일곱 살에 결혼하는 바람에 학업을 계속하지 못했다.

셋째 순한 고모는 연길 명신여학교를 졸업하고 평양연합기독병원 간호학교에 입학했다. 광복 이후 미국으로 가서 로스앤젤레스 글렌데일 병원 간호학교를 졸업했다. 귀국 후에는 서울대학교병원 간호과장, 국립의료원 간호과장으로 근무하였다. 유순한 고모는 1967년 우리나라 사람으로는 처음으로 국제적십자사가 수여하는 '나이팅게일 기장'을 받았다. 여성으로서 큰 사회적 성공을 거둔 유순한 고모도 큰오빠 유일한 회장의 길을 따랐다. 정년퇴임 때 받은 퇴직금을 모두 보건장학금으로 내놓았고, 자신이 소유하고 있던 유한양행 주식을 명신여학교 장학금, 청십자의료보험조합 장학금으로 기증했다. 1995년에는 유한양행 주식 전부를 재단법인 유한재단에 기부하고 떠났다.

독립운동 자금을 댈 때는 엄청나게 손이 컸던 할아버지는 일상생활에서는 작은 물건도 아끼고 철저하게 절약을 하셨다. 연길에서 냉면집을 운영하면서 손님이 반찬을 더 달라고 했다가 남기면 반찬값을 추가로 받았다. 더 달라고 한 반찬을 다 먹은 손님에게는 원래의 냉면 값만 받았다. 할아버지는 자손들에게 '대동강 물도 함부로 쓰지 말고 필요한 만큼만 퍼서 마시라'는 말을 자주 하셨다.

할아버지는 돈을 가치 있게 쓰신 분이다. 국가를 위한 독립운동에는 망설임 없이 큰돈을 쓰셨지만 자신의 생활은 절제하셨다. 20년을 연길에 살다가 아들 유일한 회장이 서울에 정착하자 가족들을 데리고 평양 집으로 돌아왔다. 유한양행을 설립해 성공한 아들이 '서울로 오시라'고 청했으나 '아들 하는 일에 걸림돌이 되기 싫다'며 거절하셨다. 할아버지는 평양에서 200여 명을 모아 '문수협동조합'을 설립하셨다. 포목 및 일용 잡화를 공동 구매하여 원래 가격보다 10퍼센트 정도 저렴하게 사는 소비자 단체였다. 일상의 작은 돈을 철저하게 아끼고, 그렇게 모인 큰돈을 옳은 일에 쓰셨던 할아버지는 참으로 멋진 어른이다.

할아버지는 내가 태어나기 전에 돌아가셔서 얼굴을 뵌 적이 없다. 아버지를 통해 할아버지의 삶을 전해 들었을 뿐이다. 그런 할아버지의 절약하는 습관이 나에게까지 이어져 있는 것 같다. 나도 낭비하거나 필요 없는 곳에 돈을 쓰는 것을 싫어한다. 사람들이 물자를 아끼지 않고 낭비하는 모습을 보면 마음이 불편하다. 나는 집 안을 둘러보면서 필요 없는 불을 끄고 전기 콘센트를 뽑는 습관이 있다. 그런 나를 보면서 딸이 "우리 동네에서 우리 집 전기 사용량이 가장 적을 것"이라고 해서 웃은 적이 있다. 이런 습관은 나의 DNA에도 있겠으나, 나는 독일 유학 때 보고 배웠다. 독일이 제1, 2차 세계대전 패배를 딛고 다시 일어설 수 있었던 이유 중 하나는 독일인들이 생활 속에서 실천하는 철저한 절약정신 덕분이다.

유기연 할아버지, 유일한 큰아버지, 유특한 아버지의 영향하에 있었던 것을 내 인생의 행운이라 생각한다. 이분들이 계셨기 때문에 나는 올바른 가치관을 가진 사람, 사회에 기여하는 사람이 되려고 노력할 수 있었다. 할아버지의 프런티어 정신은 인재를 키우고 독립을 앞당겼다. 큰아버지는 제약 사업으로 일제 강점기, 한국전쟁으로 피폐해진 우리 민족의 삶을 개선했다. 아버지는 좋은 약을 개발해 국민의 건강과 생명을 지켰다. 이런 프런티어 정신은 옛 안양공장, 즉 지금의 김중업건축박물관 한 곳에 세워진 〈파이오니아상〉과 〈모자상〉을 봐도 알 수 있다. 이 작품에는 아버지가 추구한 개척자 정신과 인류애가 그대로 표현되어 있다. 할아버지, 큰아버지, 아버지의 영향을 받은 것은 내 인생의 큰 행운이다.

3장

한 걸음
앞서

1 합작 회사 설립을 추진하러 처음으로 미시간 업존
   본사를 방문한 것은 1968년이었다.
2 1969년 6월 업존 실무진과의 미팅. 합작한 한국업존은
   1999년에 지분을 정리했다.
3 나는 망설이지 않고 영국 렌토킬 본사로 찾아갔다.
   이렇게 하여 유유칼믹이 세워졌다.
4 미국 바텔연구소와 2008년 합작한 ㈜ ISS 설립 조인식

5 2006년 유유테이진 보드 미팅
6 '삶의 질 향상'을 목표로 일본 테이진사와 합작하여
   유유테이진메디케어를 2006년에 설립했다.

1 1993년부터 2006년까지 세계대중약협회
아시아태평양지역 부회장을 맡았다.
2 일반 의약품을 줄이고 전문 의약품에
집중하면서 의사, 약사 들을 상대로 세미나를
자주 열었다.

3 제약협회에서도 세미나를 자주 열었다.
4 세계대중약협회 서울 총회를 치른 후
   나는 아시아태평양지역 부회장을 맡았다.
   사진은 일본에서 주제 발표를 하는 모습
5 제약협회 이사장이 된 후 더 적극적으로
   해외 전문가, 교육 기관과 교류했다. 중국
   손님들도 반갑게 맞이했다.

미시간 업존 본사에서
통역하던 날

1968년 여름 방학을 앞둔 어느 날이었다. 미국 동부 오하이오주에서 대학을 다니고 있는 내게 아버지는 중부에 있는 미시간으로 오라고 하셨다. 통역을 해 달라고 하셨지만 그게 전부는 아니었다. 아버지는 일본어만큼 유창하지는 않으셔도 일상생활이나 협상에 불편하지 않을 만큼은 영어를 하셨다. 함께 오는 회사 직원들도 어지간한 영어는 할 수 있는 분들이었다. 통역도 필요하지만 나를 그 자리에 앉혀 유유제약의 역사적 순간을 보여 주고 싶으셨던 것이 아닌가 싶다.

글로벌 제약 회사와의 기술 제휴는 아버지의 오랜 바람이었다. 창업 이후 독자적인 기술로 비타민제, 종합 영양제 개발에 성공했으나 당시 우리가 보유한 기술로는 발전에 한계가 있었다. 의료 기관에 공급할 수 있는 치료제를 만들기 위해서는 해외 제약 회사의 기술 도입이 절실했다. 일부 제약 회사들은 완제 의약품을 수입해 판매하면서 '기술 제휴'라고 거짓 마케팅을 했다. 애국심 강한 소비자들의 관심을 끌고 해외에서 수입했다는 신뢰를 얻을 수 있기 때문이다. 아버지는 합작을 진행하면서 "외국에서 가장 좋은 기술을 들여와서 아직까지 국내에 도입되지 않은 독창적인 제품을 개발한다"라는 원칙을 세워 놓으셨다.

그즈음 사촌 형 유일선이 킴벌리클라크와 합작 회사를 세운다는 소식이 아버지에게는 자극이 되었던 것 같다. 유한양행은 미국 텍사스에 본사를 둔 제지회사 킴벌리클라크와 3 대 7로 투자해 유한킴벌리를 세웠다. 우리나라에 휴지라는 개념이 없을 때 미국의 선진 기술을 받아들여 미용 티슈, 두루마리 휴지를 내놓았다. 합작 회사를 통해 신 개념의 제품을 내는 모습을 보면서 아버지는 해외 제약 회사와의 제휴를 빠르게 추진하셨다.

아버지는 미국 최고의 제약 회사 세 곳에 '합작 회사를 설립하자'고 제안하셨다. 세계적 명성의 제약 회사 애보트, 일라이 릴리 그리고 업존이었다. 다국적 제약 회사들은 전쟁의 상흔에서 벗어나 급속한 경제 발전을 이루던 한국을 성장 가능성이 큰 시장으로 전망했다. 신흥 시장을 차지하기 위해 다국적 회사들도 적극적이었다. 그중 업존이 유유의 제안에 가장 큰 관심을 보였다. 유유제약은 업존을 파트너로 정하고 기술 도입 협상을 시작했다. 유유가 업존을 선택한 또 하나의 이유는 항생제 〈린코신〉 때문이었다. 1964년 미국 FDA가 승인한 〈린코신〉은 시중에 있는 항생제 중 가장 강력한 항균력을 발휘하는 신약이었다.

유유제약은 항생제에 관한 아픈 기억이 있다. 1960년대 〈비타엠〉, 〈유파스짓〉이 연달아 성공하면서 아버지는 원료 의약품 개발에 눈을 돌렸다. 당시는 의약품 원료 대부분을 외국에서 들여왔고, 그마저도 달러가 부족해 제때 사오기 힘들었다. 아버지는 "장기적으로 제약업이 발전하려면 원료를 수입에 의존하지 않고 우리 스스로 생산하는 기술을 갖추어야 한다"라며 원료 의약품 개발에 역량을 집중했다.

그러다 보니 국내 항생제 수요가 폭발적으로 늘고 있는 것을 알면서도 이에 대응하지 못했다. 원료 의약품을 연구하느라 항생제를 개발하고 생산할 시기를 놓쳐 버린 것이다. 그래서 항생제를 직접 개발하기보다는 수입 쪽에 초점을 맞추었다. 가장 좋은 대안이 미국 업존의 〈린코신〉이었다. 업존과 업무 제휴를 맺은 후 지속성 호르몬제 〈업존데포〉, 피임 주사약 〈데포-프로베라〉를 수입·판매하면서 두 회사는 신뢰를 쌓아 갔다.

이 과정에서 두 회사는 상대 회사의 경영관, 발전 가능성을 충분히 파악할 수 있었다. 투자 실무 협상에 돌입한 지 불과 2년 만에 한미 합작 회사 설립을 결정했다. 서로 굳건한 믿음이 있었기 때문에 가능한 일이었다. 1969년 6월 미국 업존 회장을 비롯한 실무진이 한국을 방문하여 합작 회사에 관한 의견을 나누었다. 다음 달인 7월에는 유유제약 회장인 아버지와 임직원이 미국 업존 본사를 방문하여 기술 제휴와 합작 투자 계약서에 사인을 했다. 두터운 신뢰가 바탕이 된 두 기업의 협상은 순조로웠다. 나는 이 자리에서 통역을 하면서 역사적인 순간을 함께했다. 계약이 끝난 후 미국 업존의 레이 T. 파펫 회장은 그간의 이야기를 털어놓았다.

"우리가 왜 유유제약과 계약을 맺었는지 아십니까? 우리도 한국 시장의 가능성을 내다보고 한국 파트너를 찾던 중이었습니다. 아직 외국 자본의 영향을 받지 않은 여러 제약 회사들을 만났어요. 유유도 그중 하나였지요. 어느 날 한국의 호텔 커피숍에서 유특한 회장님을 만나기로 했는데, 유 회장님은 30분 전에 미리 약속 장소에 오셔서 기다리시더군요. 너무 일찍 협상장에 오는 것이 실례가 될까 봐 화장실을 다녀오시고, 창밖도 내다보면서 시간을 보내셨지요? 그리고 정확한 시간에 미팅 장소에 나오셨습니다. 저희가 만났던 다른 제약 회사 회장들은 대부분 약속 시간에 늦었어요. 비즈니스맨의 기본인 시간 약속을 철저하게 지키는 것을 보면서 유특한 회장님에 대한 신뢰가 커졌습니다. 이후 유유제약과 일을 할때 실무자들도 시간이나 약속을 어긴 적이 단 한 번도 없었습니다."

그때만 해도 '코리안 타임'이라고 해서 약속 시간에 늦는 것을 당연한 일로 여기는 문화가 있었다. 일본에서 오래 생활하신 아버지는 약속 시간 어기는 법이 없으셨다. 일도, 생활도 정확하신 분이니 아버지에게는 특별할 것도 없는 평소 습관이었을 것이다.

이렇게 국내 두 번째 한미 합작 제약 회사인 한국업존주식회사가 탄생했다. 신뢰가 두터운 업존은 유유제약을 위해 많은 부분을 양보했다. 한국업존의 자본 비율은 50 대 50이었다. 이는 제약 업계는 물론 우리나라 경제계를 놀라게 한 일이었다. 그때까지 합작 회사의 지분은 대부분 외국인 비율이 높았다. 협상이 팽팽할 때는 단 한 주를 더 가져서라도 의사 결정권을 확보했다. 당시는 합작 투자 초기 단계이고, 우리나라 기술이 미약하니 조건이 불리해도 그대로 받아들일 수밖에 없었다. 반면 유유는 미국 굴지의 제약 회사와 14만 5,000달러씩 투자하여 동등하게 회사를 세우고, 경영권도 반씩 나누었다. 아버지와 업존에서 파견한 사장이 공동 대표이사를 맡았다. 유유도 업존을 위해 상당한 배려를 했다. 안양공장 일부를 한국업존의 공장으로 내주어 빠르게 제품 생산이 가능하도록 했다. 한국업존은 항생제 〈린코신〉, 〈알바마이신〉, 신경계통제 〈데포-메드롤〉, 피임제 〈데포-프로베라〉 등 11개 의약품을 국내에서 생산하여 공급하였다.

이 과정에서 아쉬운 일도 있었다. 한국업존에 빌려준 안양공장 안에는 한국 단색화의 거장 박서보 화백의 대형 작품이 벽화로 그려져 있었다. 예술에 조예가 깊은 아버지는 화단의 주목을 받기 시작한 신인 작가를 발굴해 공장 내에 미술작품을 설치하셨다. 사람의 일생을 나타낸 대작이었는데, 한국업존이 생산 시설을 들이면서 이 벽화를 없애 버렸다. 작가의 가치, 작품의 의미를 몰랐으니 그랬을 것이다. 현재 박서보 화백의 명성으로 보면 그림 값을 추정하기도 어려울 정도인 대형 작품이 사라져 버린 것이 내내 아쉽다.

업존과는 줄곧 좋은 관계를 이어 오다가 1999년 지분을 정리했다. 경험으로 보면 기업이 만들어져 하나의 사이클을 도는 데 약 25년이 걸린다. 25년 넘게 지나면 기업을 운영하는 사람들이 달라지고, 기업 구조가 바뀌면서 회사가 변한다. 한국업존도 그랬다. 25년 정도 시간이 흐르면서 자연스럽게 서로의 관계를 정리하는 쪽으로 합의를 했다.

업존과 유유제약의 지분 정리는 3년의 시간이 걸렸다. 그들은 매우 꼼꼼하게 일을 진행했다. 처음 우리가 예상했던 지분 가치는 100억 정도였는데 미국 회계법인이 산정한 가치는 300억 원이었다. 똑같은 주식을 두고 세 배 차이가 나자 아버지는 야단을 치셨다.

"돈을 더 받기 위해 우리 쪽에서 무리하게 가격을 부풀려 부른 것은 아니냐? 수십 년 동안 신뢰 관계를 쌓아 왔는데 이번 일로 상대방에게 손해를 입히지 않았으면 좋겠다"라고 말씀하셨다.

"이 수치는 업존 측이 지정한 미국 회계법인에서 계산한 금액입니다. 미국과 한국은 주식 가치를 산정하는 방식이 다릅니다. 한국은 회사가 가진 현재 자산을 기준으로 주식 가격을 계산합니다. 그러나 미국은 그 회사가 미래에 달성할 수익을 기준으로 현재의 가치를 따집니다. 한국업존이 가진 기술, 제품력이 우수해서 앞으로 더 성장할 수 있다고 보았기 때문에 이 가격이 나왔습니다."

호주에 머물면서 업존의 아시아 지역을 담당한 레이 챔버스 부사장은 3년 동안 나와 협상을 하면서 가격을 조율했다. 미국 회계 법인이 제시한 300억 원에는 훨씬 못 미쳤지만 우리가 수용 가능한 선에서 매각을 마무리했다. 이 과정에서 결핵 치료제 〈마이코부틴〉, 우리 회사에 없는 항생제 〈린코신〉과 주사제 〈트로비신〉의 지식 재산권을 구입해서 유유제약에서 생산할 수 있도록 했다.

한국업존 지분 매각 대금은 아버지가 정리하시도록 했다. 아버지는 회사 지분은 유유제약의 신약 개발에 투자를 하셨고 개인 지분을 매각해 생긴 돈은 가족들에게 공평하게 분배하셨다. 아버지는 이 일을 진행했던 임직원들에게도 섭섭지 않을 만큼 보너스를 챙겨 주셨다.

나는 업존과 합작 회사를 만드는 출발선에 함께했고, 29년 후에는 내 손으로 직접 두 회사의 관계를 정리했다. 기업이 나고 자라서 세상을 떠나는 한평생을 함께했다. 그 뒤 업존은 스웨덴 회사 파마시아에 합병되었고, 파마시아는 다시 파이저 그룹에 인수되면서 명맥만 유지하고 있다. 업존이라는 회사는 사실상 사라졌지만 그 시절 국제적인 감각을 키워 주고, 우리 회사의 가능성을 확인시켜 준 고마운 친구 같은 회사로 기억하고 있다.

서울올림픽에서
화장실을 보다

1987년 대표이사를 맡고 정신없이 일을 하던 즈음이다. 온 나라가 다음 해 열릴 서울올림픽 준비에 여념이 없었다. 올림픽을 개최하는 국가로서 스포츠 실력을 높이는 일 이외에도 낙후된 건물을 재건하고, 도로를 정비하고, 가로수를 심으면서 서울을 재창조하고 있었다.

1988년 서울올림픽은 우리나라 유사 이래 가장 큰 이벤트였다. 대한민국 하면 일본의 식민지였던 나라, 6·25 전쟁으로 폐허가 되었던 나라, 아시아의 가난한 변방 국가라는 부정적 이미지가 강했다. 정부는 서울올림픽을 계기로 달라진 대한민국의 이미지를 심고자 했다. 올림픽 기간 동안 160개 국가에서 찾아온 관광객 24만 명에게 번화한 도시, 잘 닦인 도로, 발전하고 있는 경제, 유구한 전통문화를 보여 주려 했다. 전 세계에 생중계로 '한강의 기적'을 알릴 절호의 기회였다. 이제까지 올림픽을 치른 도시들은 예외 없이 비약적으로 발전하고, 그 나라 국민 생활 수준이 올라갔다.

나 역시 그런 변화를 기대하며 흐뭇한 마음으로 올림픽을 기다렸다. 그런데 한 가지 걸리는 문제가 있었다. 그때 우리의 화장실 수준은 형편없었다. 공중화장실 수도 적었지만 그나마 더럽고 냄새가 나서 이용할 마음이 생기지 않았다. 대형 빌딩 화장실도 그저 용변을 보는 장소이지 깨끗함을 느낄 수 있는 시설이 아니었다. 최고급 호텔 정도나 청결하고 쾌적한 화장실을 경험할 수 있을 뿐 서울 시내 화장실 대부분은 여름이면 냄새가 심하고 겨울이면 꽁꽁 얼어붙어 불편했다. 반면 미국, 일본, 유럽 등 잘사는 나라일수록 화장실을 신경 써서 관리했다. 화장실의 청결은 그 나라의 이미지와 직결되기 때문이다.

나는 전 세계에 화장실 관련한 사업이 어떤 것이 있는지를 조사하기 시작했다. 그러던 중 일본에 갔다가 화장실 남자 변기에서 '칼믹(Calmic)'이라는 상표를 보았다. 일본의 고급 화장실에는 예외 없이 칼믹이라는 상표가 부착되어 있었다. 알아보니까 칼믹은 영국에 본사를 둔 렌토킬 회사의 상표였다. 세계 60개국 화장실의 위생 상태와 환경을 관리하는 회사였다. 사용하는 세제와 악취 제거 기술이 독보적이었다. 창업자가 개발한 화장실 위생 관리 약품은 일급비밀이라 직원들도 성분 배합을 알지 못한다고 했다. 일본칼믹은 시장점유율 80퍼센트를 차지하며 일본의 고급 화장실 대부분을 관리하고 있었다.

우선 일본 렌토킬에 연락을 했다. 마침 영국 렌토킬사 창업자 한 명의 장남인 브라쇼가 일본 렌토킬 회사의 대표를 맡고 있었다. 나는 어떤 회사든 필요하다고 판단하면 연락하고 찾아가는 일에 망설임이 없었다. 한번 결정하면 시간을 끌지 않고 바로 일을 진행했다. 세계 어떤 회사라도 두려움 없이 내가 먼저 문을 두드렸다.

그때 나는 상당한 압박감을 느끼고 있었다. 대표이사를 맡은 뒤 직원들에게는 '정도 경영'을 주문했다. 영업도 정당한 방법으로 하고, 상품 포트폴리오도 수익 위주로 다시 짜라고 지시했다. 업무 방식이 완전히 바뀌는 바람에 직원들은 꽤

나 힘들어 했다. 직원들에게 사장인 나도 무엇인가 해 내는 모습을 보일 필요가 있었다. 물건을 주고도 돈을 제대로 받지 못해 쩔쩔매는 제약 영업의 악습을 타파하고, 발상 전환을 하면 수익을 창출할 수 있다고 증명해야만 했다.

사실 새로운 사업을 시작할 수 있는 여건은 아니었다. 물건을 잔뜩 준 도매상 몇 개가 부도가 나는 바람에 회사 자금 상황이 무척 어려웠다. 내가 나서서 수습을 하고는 있었으나 아직 정상화되었다고 보기는 어려웠다. 회사 예비금도 바닥난 상태라 사업 자금을 기대할 수 없었다. 은행에서 돈을 빌리는 것도 쉽지 않았다. 대출을 하려면 담보가 확실해야 하는데 그만한 자산을 가지고 있지 않았다. 어떻게 빌리더라도 연 17~18퍼센트의 고금리 이자를 감당할 형편이 아니었다.

시간도 부족했다. 새로운 제품을 연구해, 기계를 들이고, 설비를 안정화하기까지는 상당한 시간이 걸린다. 빨리 결과를 내서 직원들에게 희망의 불씨를 지펴야 하는 상황이라 오래 기다릴 여유가 없었다. 내가 믿는 것은 "이제까지 올림픽을 치른 나라는 거의 예외 없이 화장실 문화를 개선했다"라는 과거의 사례뿐이었다.

나는 일본에 가서 렌토킬 사장을 만났다. 일단 한국-영국-일본 합작 회사를 만들자고 제안을 했다. 비용, 시간 면에서 가장 효율적인 방법이었다. 브라쇼는 상당한 호의를 보이며 내 제안을 영국 본사에 전달해 주었다. 하지만 영국 본사에서는 한국 진출에 무척 신중했다. 올림픽이 성공할지도 불확실하고, 우리 경제 상황을 잘 알지 못하니까 한국 시장에 회의적이었던 듯하다.

나는 이번에는 영국 렌토킬로 찾아갔다. 영국 사람들에게 유유제약을 설명하고 사업 계획을 브리핑했다. 이후에도 몇 차례 더 방문하며 여러 번 협상을 했다. 마침내 합작 회사 설립에 동의를 얻었다. 처음 계획과 달리 일본은 빠지고 한국과 영국이 회사를 설립하는 형태였다. 영국 렌토킬은 나와 협상하는 동안 한국과 영국이 직접 라이선스 계약을 하는 것이 효율적이라고 판단했다고 한다.

투자회사를 운영하는 친구인 벤처 창업 선구자 서갑수 회장에게 부탁해 자본금 5,000만 원을 빌렸다. 혹시 망할지도 모르니 원금은 1년 후에 갚기로 하고 계약을 했다. 돈 없이 시작한 사업이라 두려움이 컸다. 이렇게 설립한 회사가 유유칼믹이다. 유유칼믹은 우리나라에서 최초로 화장실 위생 관리 솔루션을 제공하는 회사다. 기본적으로는 화장실 소변기와 대변기에 특수 화학약품이 내장된 세정제 장치를 설치해 악취를 잡아 주고 위생을 관리한다. 설치 후에는 한 달에 한 번 정기적으로 방문하여 장치를 점검하고 약품을 교체해 준다.

서울에서 가장 먼저 서비스를 시작한 곳은 지금의 더 플라자 호텔이었다. 남자 화장실 소변기를 매일 청소하는데도 오후가 되면 고약한 냄새가 나서 호텔 이용객들의 불만이 있었다. 유유칼믹 장치를 다니까 악취가 사라지고 하루 종일 쾌적함을 유지할 수 있었다.

더 플라자 호텔의 쾌적한 화장실은 주변 호텔에도 소문이 났다. 조선호텔, 신라호텔을 비롯한 시내 특급 호텔이 앞다투어 유유칼믹 서비스를 요청했다. 서울올림픽이 가까워지면서 수요가 폭발적으로 늘었다. 대형 빌딩, 백화점, 고급 음식점, 고속도로 휴게소에도 유유칼믹 서비스가 들어갔다.

한번은 청와대에서 서비스를 해 달라는 연락이 왔다. 시내 호텔을 이용한 공무원이 유유칼믹이 새겨진 제품을 알아보고 설치를 부탁한 것이다. 청와대에서는 대통령이 쓸 것이니 제품을 금장으로 특별하게 제작해 달라고 요청을 했다. 효과를 인정해 준 것은 고맙지만 청와대만을 위해 따로 금장으로 만들 여력은 없었다. 청와대 전체를 설치하지는 못하고 직원들이 사용하는 일부 화장실만 관리해 주는 선에서 합의를 했다.

유유칼믹 서비스의 가장 큰 특징은 선불 결제였다. 소비자가 1년 치 비용을 먼저 내면 유유칼믹은 매월 방문하여 서비스를 제공한다. 유유칼믹의 사업 구조는 최근 마케팅 용어로 말하면 '렌탈 서비스'다. 매월 일정 금액을 받고 기계를 빌려주거나, 전문가가 필터를 갈아 주거나 기기를 관리해 주는 형태 말이다. 요즘은 정수기, 공기 청정기, 안마의자 등 여러 분야에서 어렵지 않게 렌탈 서비스를 볼 수 있지만 나는 그보다 훨씬 앞선 시점에 '정기적인 서비스 용역'을 시행했다. 일반인을 상대로 한 영업과 마케팅이 아니어서 세상에 덜 알려졌을 뿐이다. 미국에서 공부할 때 IBM에서 고가의 컴퓨터를 매달 일정 금액을 받고 빌려주는 사업을 보면서 오래전부터 생각했던 아이디어였다.

1년 치 비용을 먼저 받으니까 회사에 돈이 돌기 시작했다. 이 돈으로 필요한 물품을 사거나 운영자금을 조달하고, 직원이 매달 한 번씩 가서 서비스를 제공하면 된다. 이때는 금리가 엄청나게 높았던 시절이라 돈을 은행에 넣어 놓는 것만으로 추가 수익이 발생했다. 이자도 없이 쓸 수 있는 돈을 확보해서 영업, 마케팅에 활용할 수 있으니 일석이조였다. 자금이 넉넉하지 않은 상태에서 사업을 시작했지만 '선금을 미리 받고 나중에 서비스를 제공한다'는 아이디어 덕분에 안정적으로 사업을 확대할 수 있었다.

　유유칼믹의 성공은 직원들의 생각을 바꾸어 놓았다. 먼저 제품을 만들고 영업을 통해 판매하는 '제조업' 사고에 머물러 있던 직원들이 '서비스'의 개념을 익혔다. 제약업의 전통적 사고방식에만 머물러 있었다면 이런 사업은 시작할 수 없었을 것이다. 나는 그런 고정관념에서 탈피하여 서비스도 제품이 될 수 있다는 사례를 보여 주었다. 유유칼믹의 성장으로 현금이 없어 허덕이던 회사에 돈이 돌기 시작했다. '돈을 먼저 받고 제품(서비스)을 나중에 줄 수도 있다'는 변화를 증명해 보였다. 직원들이 나를 대하는 태도도 달라졌다. "믿어 봐도 되겠어"라며 점차 나를 믿고 따라와 주었다.

　'올림픽을 계기로 사회가 발전하고, 그중 하나는 화장실 문화'라는 나의 예상은 적중했다. 중국이 2008년 베이징올림픽을 치르면서 가장 골머리를 앓았던 문제가 화장실이었다. 베이징 전역에 화장실을 새로 짓고, 청결도 기준까지 새로 정해서 관리를 했다. 새로 건설한 화장실에는 호텔처럼 성(星)급 칭호를 붙이기도 했다. 베이징올림픽을 계기로 중국의 화장실 수준은 훨씬 나아졌다. 1988년 서울올림픽을 맞이하면서 우리가 그랬던 것처럼 말이다.

　유유칼믹은 화장실 문화에 일대 혁신을 가져왔을 뿐 아

니라 이 제품을 사용하는 건물은 '화장실이 청결하고 위생적'
이라는 인식을 심어 주었다. 유유칼믹은 안정적인 구조를 바
탕으로 현재 높은 시장 지배율을 차지하는 선두 기업으로 성
장했다. 후에 계열분리를 해, 지금은 동생인 유승식 사장이
㈜유칼릭스라는 이름으로 사업을 계속하고 있다.

가끔 호텔이나 골프장에서 화장실을 갔다가 이 제품을
보면 그렇게 반가울 수가 없다. 아무것도 없어 막막하고 절박
했던 그 시절, 한 줄기의 희망을 만들어 주었던 사업이기 때
문에 무척 애틋하다.

삶의 질을 높이는
숨은 조력자

창업자가 정한 유유제약의 미션은 '삶의 질 향상'이다. 이런 지향점을 78년 전부터 가졌다는 것은 유유제약에게 큰 행운이 아닐 수 없다. 우리 회사가 가야 할 방향을 이토록 명확하게 가리키는 것이 없기 때문이다. 제품을 연구할 때, 서비스를 개발할 때 유유의 목표는 언제나 '삶의 질 향상'이다. 새로운 사업을 할 때도 이것을 기준으로 검토를 한다. '우리가 하는 일이 인간 삶의 질을 높이는 데 도움이 되는가?'를 먼저

묻는다.

일본 제휴선인 다이닛폰스미토모 제약 회사의 도모다케 회장과 잘 알고 지냈다. 과학자인 도모다케 회장도 미국 애보트사와 합작 회사를 차렸다. 영어를 잘해서 한국이나 일본에서 만나 이야기를 나누곤 했다. 2000년대 초반쯤으로 기억한다. 내가 의료 설비 회사에 관심이 있다고 하니 도모다케 회장이 일본 테이진사 회장을 소개시켜 주었다. 테이진사는 1982년 일본에서 처음으로 가정용 산소 발생기를 출시했고 현재 일본 가정용 산소 치료 시장의 70퍼센트를 점유하는 선두 기업이다. 이 회사에서 생산하는 산소 발생기를 한국에 도입하는 방안을 검토했다.

산소 발생기는 코미디언 이주일 씨 덕분에 일반인들에게 널리 알려졌다. 이주일 씨가 폐암 투병 중 금연 캠페인에 나온 적이 있다. 그때 그의 코에 연결되어 있던 기계가 이 산소 발생기다. 만성폐쇄성 폐질환(COPD)으로 산소가 체내에 충분히 들어오지 못하는 환자가 가정에서 산소 흡입을 할 수 있도록 돕는 장치다.

테이진사를 만나면서 더욱 흥미가 생겼다. 산소 발생기는 고령사회에 접어든 우리나라에 꼭 필요한 제품이다. 고령 환자 중에는 산소 발생기를 이용하려고 병원에 입원하는 경우가 있다. 특별한 치료가 필요하지 않은데 단지 산소 치료 때문에 병원에서 지내는 것은 환자도 힘들 뿐 아니라 이에 따른 사회적 비용도 만만치 않다. 테이진이 개발한 산소 발생기는 가정에 설치할 수 있는 기기와 휴대하면서 사용할 수 있는 두 종류의 기기가 있다. 휴대용은 유모차처럼 끌고 다닐 수도 있어서 산소 발생기를 장착하고 외출하고 산책하고 체조하는 등 일상생활이 가능하다. 입원했어야 할 병원 침상은 더 위급한 환자들이 사용할 수 있으니 사회를 위해서도 이로운 일이다.

나는 테이진과 수차례 실무 협상을 거친 후 2006년 합작회사 ㈜유유테이진메디케어를 설립했다.

단순히 제품을 들여와 렌탈하는 것에 그치지 않고, 부가 서비스까지 함께 유통하는 사업 구조를 만들었다. 치료용 산소 발생기를 환자에게 빌려주고, 전문가가 정기적으로 방문하여 기기 상태를 점검하고, 점검이 필요한 기기는 다시 공장에 입고한다. 공장에서 훈증(살균), 에어브로잉(먼지 제거)을 통해 기계의 기능과 성능을 정상화해 출하하는 서비스를 제공한다. 유유칼믹에서 성공했던 '기기 렌탈+서비스'의 노하우를 상황에 맞게 변형하여 적용했다. 생명과 직결된 기계들은 평상시 철저한 관리가 뒷받침되어야 한다. 유유제약은 의사,

환자, 보호자에게 기계 사용법, 위생적인 세척 방법 등을 정기적으로 교육해 효과를 극대화하고 있다. 정부가 가정용 산소 발생기를 의료보호급여 대상에 포함하면서 소비자의 비용 부담이 줄어 미래가 더욱 밝다. 요즘은 물도 사 먹는 세상인데 좋은 산소를 저렴하게 살 수 있는 시대가 곧 오지 않을까 생각하면서 사업을 시작했다.

최근에는 수면 양압기 사업에 공을 들이고 있다. 수면 양압기는 수면 중 무호흡을 치료하는 기계다. 수면 중 기도가 막히는 것을 방지하기 위해 압력을 가해 기도에 공기를 불어 넣는다.

자는 도중에 숨을 쉬지 않는 상태가 지속되는 증상을 수면무호흡증이라고 한다. 수면무호흡증이 지속되면 만성피로와 졸음, 두통 등으로 일상생활이 어렵다. 10년 전쯤 일본에서 기관사가 졸음운전으로 큰 사고를 낸 적이 있다. 우리나라에서도 몇 해 전 버스 운전대를 잡은 운전기사가 졸다가 고속도로에서 브레이크를 밟지 못해 앞서가던 승용차를 덮쳐 여러 명이 생명을 잃었다.

코골이가 위험한 것도 수면무호흡증 때문이다. 수면무호흡증은 비만, 음주, 흡연, 수면제나 안정제 복용이 원인인 경우가 대부분이다. 수면무호흡증이 있으면 심혈관 질환, 뇌졸

중 발생률이 정상인에 비해 4~5배나 높다. 난치성 고혈압 환자의 경우 80퍼센트가 수면 무호흡증을 앓고 있다는 조사 결과도 있다. 그러나 코골이, 호흡 불안정 등 증상이 수면 중에 나타나기 때문에 자가 인지율이 낮다. 병이 아닌 잠버릇 정도로 여기는 경우가 많아서 치료에 소극적인 것도 병을 악화시킨다.

수면무호흡증 중등도 이상의 환자에게는 수면 양압기 착용이 필수적이다. 일본은 10여 년 전부터 버스 기사, 기관사처럼 숙면이 안전과 직결된 직업군 종사자에게 수면 양압기 착용을 보험으로 처리해 주고 있다. 우리나라도 얼마 전부터 수면무호흡증을 의료보험급여로 인정해 주고 있다. 의사 처방이 있으면 월 1~2만 원으로 수면 양압기를 렌탈해 이용할 수 있다.

현재 유유테이진메디케어는 우리나라 산소 발생기 시장에서 1위를 차지하면서 지속적으로 성장하고 있다. 수면 양압기 시장에서는 선두를 추격하는 후발 주자지만 조만간 큰 폭의 성장을 기대하고 있다. 유유테이진메디케어는 일본, 호주 등에서 품질이 검증된 제품을 수입한다. 수요가 늘어나면 기계를 자체 개발할 계획도 있지만 당분간은 세계 최고의 제품을 가져오고, 대신 유유제약은 매니지먼트에 집중할 계획이다.

　앞으로 길거리, 공원에서 유유테이진메디케어의 휴대용 산소 발생기를 밀고 다니는 어르신들을 자주 볼 수 있을 것이다. 휴대용은 무게가 3킬로그램 남짓이어서 유모차나 보행 보조 기구를 밀 힘만 있으면 누구나 사용할 수 있다. 요즘은 의사들이 나서서 환자에게 가정용 의료 기기 사용을 권하기도 한다. 덧붙여 정기적으로 운동을 하라고 조언한다. 숨쉬기가 불편한 환자라고 해서 병원에 누워서 시간을 보내는 것보다는 몸이 허락하는 한 천천히 걷고, 가볍게 체조하면서 몸을 움직여야 삶의 질이 높아진다.

　나는 사업을 하면서 '삶의 질 향상'이라는 목적에 부합하는 곳이면 어디든 달려갔고, 적극적으로 사업을 시도했다. 오너인 내가 직접 접촉하면 상대 회사가 받아들이는 무게가 달라진다. 그쪽에서도 바로 의사 결정을 할 수 있는 사람이 협상 대상자로 나오기 때문에 일의 진행 속도가 빠르다. 새로운 문을 여는 것이 내 역할이라 여겼다. 그러나 일을 시작할 때는 언제나 걸림돌이 있기 마련이다. 제약 요소를 없애고 일이 될 수 있도록 길을 닦는 것이 회장인 내가 할 일이다. 나는 일본, 미국, 영국 세 나라와 합작 회사를 각기 하나씩 만들었다. 사업 성사를 위해 이 나라들을 발이 닳도록 드나들었다. 어느

나라, 어떤 회사든 일단 문을 두드리고 도전했다. 전 세계 어느 누구와 맞붙어도 자신이 있다고 믿고 노력한 결과다.

제약인의 올림픽,
세계대중약협회 서울 총회

"세계대중약협회 다음 총회 개최지는 대한민국 서울입니다."

1989년 이탈리아 로마에 울려 퍼진 '서울'이라는 단어에 참석자들의 환호성이 터져 나왔다. 1981년 독일 바덴바덴에서 서울이 하계 올림픽 대회 개최지로 선정되었을 때 터져 나온 커다란 함성에 못지않았다. 나도 자리에서 일어나 박수를 치며 감격의 기쁨을 누렸다.

세계대중약협회(WFPMM, 지금의 'WSMI')는 일반 의약품 생산 및 유통 업체가 만든 단체다. '대중약'은 일반 의약품 (OTC)이라고 부른다. 안전성과 유효성이 인정되고 부작용이 크지 않아 의사 처방 없이도 소비자가 자유롭게 선택하고 구입해 복용할 수 있는 약이다. 전문 의약품 ETC는 처방전이 필요한 전문 의약품으로 의사의 진단과 지시 감독 아래 사용해야 하는 의약품을 말한다. 부작용이 심하고 습관성, 의존성이 있으며 내성이 잘 생기거나 약물 간 상호 작용으로 약효가 변할 수 있는 약을 전문약으로 규정한다. 우리나라 의약품 시장에서는 전문 의약품과 일반 의약품의 비율이 8 대 2 정도 된다.

나는 보령제약 김승호 회장, 동아제약 강신호 회장 등을 모시고 거의 매회 세계대중약협회 총회에 참석했다. 이 대회는 세계 대중약의 흐름을 알 수 있어서 '제약올림픽'이라고 불린다. 한국제약협회는 1980년부터 세계대중약협회에 가입해 활동을 해 왔다. 우리나라는 회원사로 열심히 총회에 참석하면서도 협회에서 주도적인 역할을 하지 못했다. 아무래도 국제적인 감각이 부족했고, 국가의 위상이 낮았기 때문이다. 다른 나라에서 열리는 대회에 참석할 때마다 마음 한편에 늘 아쉬움이 남았다.

'세계대중약협회 총회를 우리가 해 보면 어떨까? 곧 올림

픽도 개최하는 나라인데 이 정도를 못 해낼까?'

나는 새로운 꿈을 꾸기 시작했다. 우리나라 정도의 역량이면 충분히 행사를 치를 수 있을 것 같았다. 하지만 이 일을 해 보겠다고 나서는 사람이 아무도 없었다. 그때는 제약 업계에 영어를 잘하는 사람이 많지 않았고, 국제 행사를 치러 본 경험이 없으니 누구도 우리가 할 수 있다는 생각을 하지 못했다. 김승호 회장과 출장을 다니면서 이런 이야기를 자주 나누었다. 그분도 비슷한 생각을 가지고 계셨다. 자신이 도와줄 테니 적극적으로 준비해 보라며 힘을 실어 주셨다. 그때 나는 제약협회에서 젊은 축에 속하는 회원이었다. 여러 제약계 원로 선배들의 활동을 뒤에서 챙기는 부회장 역할을 하고 있었다.

서울에서 총회가 열리면 세계 제약인들이 우리나라에 모이고, 한국 제약 산업에 관심을 갖게 될 것이다. 그 자체가 한국 제약 산업 홍보이다. 한국이 일약 세계 제약 산업의 중심지로 올라설 수 있는 기회였다.

세계대중약협회 총회를 서울에서 열 수 있는 방법을 알아보았다. 조사를 하다 보니 대회를 주관하는 책임자가 컬럼비아 대학 동문이었다. 중요한 과제를 해결하기 위해 인맥을 적극 활용했다. 그와 동문 관계인 점을 활용하니 수월하게 의사 결정권자들을 만날 수 있었다.

"대한민국은 하계 올림픽을 성공적으로 개최했다. 이 총회를 충분히 치를 수 있다. 올림픽을 준비하면서 서울은 도로를 정비했고, 시내에 최고급 호텔을 지었다. 참석자들을 안전하고 편안하게 수용할 수 있다. 우리나라 제약 산업은 급격히 성장하고 있다. 이런 대회를 치르고 나면 한국 제약 산업은 크게 발전할 것이다."

책임자는 반신반의하는 표정이었다. 아직 한국에 대한 확신이 없으니 쉽게 결정하지 못하는 것 같았다. 그렇게 몇 번을 만나 설득하고 협회에 개최 계획서를 제출한 끝에 관련자들의 마음을 완전히 돌려놓았다. 내 강렬한 열정과 의지가 협회 관련자들을 움직였다. 그리고 1989년 로마에서 "1991년 세계대중약협회 제10차 총회 개최지는 서울"이라는 발표를 들었다.

한국제약협회 창립 이래 가장 큰 국제 행사였다. 제약 산업 관련 국제회의가 한국에서 열린 것은 그 대회가 처음이었다. 당시 한국제약협회는 동아제약 강신호 회장(1987~1991년 재임), 보령제약 김승호 회장(1991~1993년 재임)이 주축을 이루고 있었다. 그분들은 대회를 알리는 외부 활동에 주력하시고, 나는 행사 준비를 맡아 제약협회 직원들과 함께 일을 했다. 주제 발표를 할 전문가를 섭외하고 해외 초청자를 선별하는 등 실무 하나하나를 챙겼다. 그런 큰 행사가 처음이라 모든 것이 낯설었지만 세계적인 총회를 주관한다는 긍지에 힘든 줄도 몰랐다.

1991년 10월 16일 서울 소공동 롯데호텔에서 세계대중약협회 제10차 총회 막이 올랐다. 대회 주제는 '자가요법의 발전과 현대적 위상'이었다. 24개국에서 495명의 제약인들이 참석해 성황을 이루었다. 참석자들은 자가요법의 효과를 논의하고 전통 천연 약물을 의약품으로 발전시킨 사례를 발표했다. 남아메리카, 아프리카에서 나오는 천연자원을 대중약으로 개발하는 방향에 대한 논의가 있었다. 그때까지 비과학적이라 여겼던 전통 동양의학도 현대 의료 기술로 인정해야 한다는 움직임도 이 대회를 통해 이루어졌다.

저녁에는 참석자들을 위한 만찬을 준비했다. 한국의 문화와 서양의 문화가 어우러지도록 신경을 썼다. 한국의 발전된 제약 산업과 전통문화를 알릴 수 있는 콘텐츠를 모아 참석자들로부터 큰 박수를 받았다. 만찬 도중에 음악이 흐르자 몇 사람이 걸어 나와 춤을 추었다. 서양 문화가 낯선 한국 사람들에게는 생경한 풍경이었으나, 파티가 익숙한 서양 사람들에게는 당연한 유흥이었다. 나는 아내와 음악에 맞춰 춤을 추었다. 미국에서 대학을 다닐 때 춤을 배운 적이 있어서 어느 정도는 할 수 있었다. 아내도 미국에서 여러 번 파티에 참석해서 전혀 어색해하지 않았다.

서울 총회는 기대했던 것 이상의 성과를 올렸다. 그 어느 대회보다 많은 인원이 참석했고, 논의된 주제가 실용적이었다. 세계 각국의 제약인들이 벽을 허물고 대중약 발전이라는 공감대를 형성하는 계기가 되었다. 3일 동안의 총회에서 한국 제약 산업의 위상을 전 세계에 알렸다. 우리 제약인들의 마음을 모으고 자긍심을 키울 수 있었다.

서울 총회 마지막 날 김승호 회장이 세계대중약협회장으로 추대되는 경사가 있었다. 그때까지 한국인이 국제협회의 회장을 맡는 것은 무척이나 드문 일이었다. 회장을 맡는 것은 국가의 위상을 높이는 것은 물론이고 한국 제약인의 국제적 입지를 다지는 효과가 있었다. 김승호 회장은 멕시코 아카풀코에서 열린 제11차 총회까지 2년 동안 회장으로서 협회 일을 하셨다.

나는 그보다 훨씬 길게 세계대중약협회와 인연을 이어 갔다. 1993년 세계대중약협회 아시아태평양지역 부회장을 맡아 2006년까지 일을 했다. 우리나라와 아시아 전역의 대중약 발전을 위해 전 세계를 뛰어 다녔다. 2006년 일본에서 열린 세계대중약협회 총회에 참석해서 부회장직을 일본 대표인 사토 제약 사장에게 넘겼다.

전 세계 제약인들 앞에서 그간의 성과를 발표하는데 감개가 무량했다. 한국이 제대로 알려져 있지 않은 1989년 로마에서 기적적으로 대회를 유치한 일이 가장 기억에 남았다. 초기에는 수많은 회원국 중 하나에 불과했던 한국은 내가 일한 13년 동안 세계대중약협회의 중심국으로 자리를 잡았다. 그만큼 국가 경제가 성장했고, 한국이 제약 선진국으로 도약했음을 의미한다.

그때나 지금이나 나는 제약 업계가 더 큰 세상으로 눈을 돌려야 한다고 생각한다. 세상의 변화를 경험해야 더 큰 생각을 할 수 있다. 우리나라에서 제약업은 대표적인 과당 경쟁 분야이다. 괜찮은 약이 하나 나오면 너도나도 따라 하는 관행이 있다 보니 서로 제 살을 깎아 먹으며 경쟁하는 구조가 되어 버린다.

그보다는 더 크고 넓게 보면서 함께 제약업의 발전을 이루었으면 좋겠다. 세계대중약협회가 OTC 제품 중심이라면, 처방약을 다루는 국제제약협회(IFPMA)도 있다. 최근에는 OTC 제품보다 ETC 분야가 활발해지면서 국제제약협회의 영향력이 훨씬 커졌다. 이런 협회, 국제 단체들과 교류하면서 제약업의 발전을 도모할 필요가 있다. 국제협회에서 활동하는 사람들이 많아져서 한국 제약의 위상이 높아지기를 바란다. 한국이 세계적인 신약을 개발한다거나, 한국에서 연구, 개발된 신약을 기술 제휴하러 다국적 제약 회사 회장이 한국을 찾는 일이 현실로 다가올 수도 있다. 그날을 앞당기려면 제약인들이 눈을 높이고 실력을 키워 미래를 준비해야 한다. 한국 제약 업계가 좁은 시야에서 벗어나 광활한 세상으로 뻗어 나가기를 진심으로 바란다.

세계는 넓고
정보는 많다

〈본키 연질캡슐 0.25μg〉, 〈본키주 1μg〉은 미국 위스콘신 대학의 연구를 유유제약이 상업화한 오픈 이노베이션의 결과다.

1990년대에 미국에서는 대학과 기업 사이에 새로운 변화가 일고 있었다. 기술과 아이디어를 기업 내부에서만 연구하는 것이 아니라 기업이 시야를 넓혀 대학, 전문 기관과 연계하여 혁신을 시도하는 움직임이다. 이를 나중에 버클리 대학 헨리 체스브로 교수가 '오픈 이노베이션', 즉 개방형 혁신이라는 말로 정리했다.

나는 이 움직임을 보면서 언젠가 우리도 적용해 봐야겠다고 생각하고 있었다. 제약 연구는 제품 생산까지 도달하려면 시간이 오래 걸리고 아이디어에도 한계가 있다. 기업 연구소에는 저마다 보이지 않는 틀이 있어서 관습적으로 익숙한 것을 개발하려는 경향이 있다. 연구원들이 자기가 공부한 것에서 더 나아가려 하지 않기 때문에 혁신적인 시도가 쉽지 않다. 반면 대학의 연구는 주제나 범위에 제한이 없을 뿐만 아니라 새로운 것을 유연하게 받아들인다. 대학에서 연구하여 검증한 것을 기업이 가져와서 제품으로 현실화한다면 시간과 노력은 적게 들고 효과는 높은 결과를 만들어 낼 수 있다.

미국에서는 대학 재단이 교수에게 연구비를 지원해 혁신적인 주제를 발굴한다. 연구 결과가 좋으면 대학 재단은 특허 등록을 하고 이를 기업에 판매한다. 여기서 발생한 수익은 재단과 연구자가 일정한 비율로 나눈다. 대학 재단은 재정을 탄탄히 하고, 교수는 연구 성과를 늘리는 윈윈 전략이다. 기업은 빠른 시간에 안정적으로 성과를 확보할 수 있어 선호한다. 위스콘신 대학이 이 방식을 시도해서 성공을 거두었고, 이후 많은 아이비리그 대학이 비슷한 방식으로 재단 수익을 늘리고 있다.

일본 다이쇼의 우에하라 회장에게서 미국 위스콘신 대학 동문 연구 재단(WARF)이 획기적인 골다공증 치료제 특허를 가지고 있다는 고급 정보를 얻었다. 유유제약과 일본 다이쇼 회사는 오래전부터 유대를 맺어 왔다. 일본 인맥이 넓은 아버지가 이 회사와 기술 제휴를 해서 근이완제 〈린락사(지금의 '릴렉시아 정')〉, 위장약 〈쏘롱〉 등을 국내에 공급해 왔다. 위스콘신 대학 동문 연구 재단은 제약 분야에서 특히 앞선 연구 결과를 가지고 있고, 이것을 상업화해서 큰 성공을 거두었다. 지혈제 와파린, 지금은 미용 용도로 더 많이 쓰이는 근육 수축 주사제 보톡스 등이 이 재단이 갖고 있던 특허를 상업화한 제품들이다.

골다공증은 내가 꾸준히 관심을 가져온 분야다. 골다공증은 여성 호르몬 에스트로겐의 분비가 감소하는 50세 이상의 폐경기 여성에게 흔히 발생한다. 남성보다 여성이 호르몬 변화가 급격하기 때문에 환자가 대부분 여성이다. 급성일 때는 많은 양의 칼슘이 소변으로 배출되어 신장에 심각한 합병증을 일으키기도 한다.

위스콘신 대학 동문 연구 재단에 연락을 해서 드르카 교수가 개발한 '칼시트리올'을 제품화하고 싶다고 전했다. 재단도 한국 진출에 긍정적이었다. 나는 바로 미국으로 가서 드르카 교수와 재단 관계자를 만났다. '칼시트리올'은 뼈를 만들어 주는 '조골 효과'가 탁월한 성분이다. 연구자의 설명을 들을수록 이것을 꼭 한국에 들여와야겠다는 확신이 섰다.

그런데 재단에서 요구한 로열티가 너무 높았다. 그쪽에서 제시한 가격으로는 한국에서 제품화했을 때 수익을 맞추기 어려웠다. 재단 측에서는 다른 나라에 판매한 금액이 있기 때문에 한국만 싸게 줄 수 없다고 버텼다. 서로 양보 없이 팽팽하게 맞섰다. 재단은 한국 진출을 원했고, 유유제약은 '칼시트리올'을 꼭 들여오고 싶은 간절함으로 그 시간을 견디었다. 수차례 담당자들이 오가고 서신을 주고받은 끝에 겨우 합의에 이르렀다. 다른 나라에 판매한 수준의 로열티를 지불하되, 판촉비 일부를 지원받기로 했다. 재단은 값을 깎아 주지 않는 규정을 지켰고, 유유제약은 수익성을 맞춘 현명한 합의였다.

〈본키 연질캡슐〉, 〈본키주〉 출시에 맞춰 위스콘신 대학 드르카 교수를 한국으로 초청했다. 학술대회를 열어 의사, 약사 들에게 '칼시트리올'의 효능을 설명했다. 세계적인 석학이 한국에 와서 직접 강연을 하니까 〈본키 연질캡슐〉, 〈본키주〉의 위상이 단박에 높아졌다.

기업이 내부에만 머물러 있으면 한계가 있다. 외부의 앞선 기술을 받아들여야 직원도, 회사도 발전한다. 위스콘신 대학 동문 연구 재단과의 협업은 유유제약 연구소가 자극을 받는 기회가 되어 우리 내부 역량을 높였다.

반면 미국 바텔연구소와 합작해 설립한 ㈜ISS는 나에게 남겨진 숙제이다. 2008년에 설립한 ㈜ISS(International Scientific Standard)는 유유제약과 미국 바텔메모리얼인스티튜트가 의약품 연구, 바이오 연구와 인증을 목적으로 합작 설립한 생물학적 동등성 국제 인증 시험 기관이다. 2005년 5월 미국 오하이오 주립 대학 안에 있는 바텔연구소에 찾아가 합작회사 설립에 사인을 했을 때 국내외 언론이 뜨거운 관심을 보였다.

바텔연구소는 세계 최대 비영리 연구 개발 기관이다. 강철 사업으로 큰돈을 번 기업가 바텔의 유산으로 설립되었다. 제2차 세계대전 전후에 미국 정부와 군의 연구 개발을 위탁 수행하면서 세계적인 연구 기관으로 성장했다. 초기에는 미국원자력위원회, 미국항공우주국과 관련한 프로젝트가 주를 이루었으나 1970년대부터 환경오염 방지, 해양개발, 도시·주택 개발, 의료·보건, 제약 등으로 분야를 다양화했다. 우리 일상 깊숙이 들어와 있는 복사기, 컴팩트디스크, 디지털레코드, 바코드, 전자상거래 등이 바텔연구소가 개발한 기술이다.

세계 최대의 연구 기관 바텔을 한국에 유치하는 계획은 정부가 추진하던 사업이었다. 강원도, 춘천시가 지역 발전을 위해 적극 나섰고, 신사업을 검토하던 유유제약과 뜻이 맞았다. 강원도와 춘천시로서는 지역 활성화, 청년 일자리 창출에 더없이 좋은 기회였다. 김진선 강원도지사와 이광준 춘천시장이 동행하여 오하이오로 찾아가서 합작 회사에 관한 계약을 체결하였다.

유유제약과 바텔연구소가 합작한 ISS는 강원도 춘천에 세워졌다. 기본적으로 복제 의약품이 오리지널 약과 똑같은 효과를 내는지, 안전한지를 검증하는 생물학적 동등성 시험을 한다. 또 국내외 제약 회사나 바이오 업계에 동물 실험 분석 서비스를 제공한다. 나는 국제 기준을 적용하여 검증하는 ISS가 우리나라 제약 산업의 수준을 끌어올리고 바이오산업의 경쟁력이 높일 것이라 예상했다.

바텔연구소와의 협업은 획기적인 시도였으나 현실은 이상과 차이가 있었다. 비영리 단체여서 이익에 연연하지 않으며 연구에만 몰두하려는 연구원들은 안정성을 추구했다. 이익을 추구하는 사기업인 유유제약이 원하는 지향점과 속도를 따라오지 못했다. 한번은 세계 굴지의 회사에서 동물 실험을 해 줄 수 있겠느냐는 연락이 왔다. ISS의 역량과 평판을 높일 수 있는 대형 프로젝트라 관심이 컸다. 그러나 바텔 측의 반대로 그 프로젝트를 수행할 수 없었다. 결국 그 회사는 중국에 프로젝트를 맡겼다. 이런 일이 몇 차례 반복되면서 ISS의 활동은 위축되었다. 게다가 국내 신약 개발이 예상보다 늦어지면서 ISS의 역할이 모호해졌다. 급기야 바텔연구소가 손을 떼겠다고 나왔다.

내가 결정을 해야 할 순간이었다. 어렵게 시작한 사업을 여기에서 포기할 것인가, 희망을 갖고 계속 끌고 갈 것인가. 나는 ISS에 다시 한 번 기대를 거는 쪽을 선택했다. 지금은 어렵지만 ISS가 하는 일은 미래를 위해 반드시 필요하다. 앞으로 제약바이오산업이 커질수록 이를 뒷받침하는 국제 인증 시험 기관의 수요는 많아질 것이다. 유유제약이 바텔의 지분을 모두 인수하면서 희망을 걸어 보기로 했다. ISS를 운영하면서 아무리 의도가 좋아도 모든 사업이 성공하는 것은 아니라는 것을 다시 한 번 깨달았다.

나는 경영을 하는 동안 끊임없이 해외와 교류하면서 우리가 발전할 기회를 만들었다. 회사에 도움 된다고 판단하면 대학이든 연구소든 가리지 않고 달려갔다. 물론 내가 시도한 오픈 이노베이션이 전부 성공한 것은 아니다. 위스콘신 대학 동문 연구 재단과의 성공적인 협업 경험을 가지고 컬럼비아 대학에도 제안을 해서 프로젝트를 시작했다. 컬럼비아 대학에서 공부한 교수에게 주의력 결핍 과잉 행동 장애(ADHD) 연구를 의뢰했지만 유효한 연구 결과가 나오지 않아 포기했다. 미국 바이오벤처 스마트 바이오사이언스와 치매 치료제를 개발했으나 실패했다. 또 서울대 약학과 교수와 합작한 회사가 진행한 생약 연구가 그들의 일방적 중단으로 실패하기도 했다.

오픈 이노베이션은 성공도 하고 실패도 했지만 실패한 시도라도 후회는 하지 않는다. 실패 속에 배움이 있었고 그런 시도를 통해 조금씩 성장할 수 있었다. 실패가 두려워 아무 일도 하지 않으면 아무것도 이룰 수 없다. 인류의 건강과 삶의 질을 높이는 새로운 도전은 나와 유유제약의 영원한 사명이다.

의약분업 현장의
산증인

2001년부터 2003년까지 나는 한국제약협회 이사장으로 일을 했다. 1995년부터 2000년까지는 한국제약협회 부회장으로 일을 하면서 안 보이는 곳에서 회장을 돕는 역할을 충실히 해왔다. 그러다 전임 한미약품 임성기 회장이 나를 지목하셨고 제약사 회원들이 뜻을 모아 주었다. 그때 제약 업계는 의약분업 변화의 한복판에 있었다.

나는 한국제약협회 제4대 이사장에 취임했다. 아버지가

1952~1953년 제4대 회장을 맡으셨다. 50여 년 만에 내가 한국제약협회 이사장에 취임하면서 아버지와 아들이 대를 이어 우리나라 제약 산업의 책임을 맡은 드문 사례가 되었다. 아버지가 계셨다면 한국제약협회 책임을 맡은 아들을 무척이나 자랑스러워 하셨을 것이다.

2000년 의약분업 제도 시행으로 정부-의사-약사의 갈등이 첨예했다. 의약계 100년 역사를 바꾼 의약분업은 제약 업계는 물론이고 우리나라 보건 정책의 구조를 변화시켰다. 의약분업은 진단과 처방은 의사가 맡고, 처방된 의약품 조제는 약사가 담당하는 제도이다. 이전에는 병원에서 진료와 처방은 물론 약까지 판매했다. 큰 병원 안에는 대부분 약국이 있었다. 동네 의원의 경우는 약사를 고용하지 않고 의사가 진료 후 약을 처방하면 간호사가 포장하여 환자에게 건넸다.

이렇다 보니 여러 문제가 생겼다. 소비자들은 의사 처방 없이도 쉽게 약을 구할 수 있었다. 마이신으로 불리는 항생제와 관절통 약으로 불리는 스테로이드제 남용이 많았다. 약국에서는 환자가 설명한 증상만으로 전문 의약품을 처방했다. 환자가 약을 다른 용도로 사용해도 막을 방법이 없었다. 병의원에서는 주사제를 과다하게 사용하거나 의약품을 필요 이상 많이 처방하는 남용 사례가 잦았다.

의약분업은 의사, 약사 모두의 전문성을 살리고 시너지를 일으키는 정책이다. 의사와 약사 모두 의약분업 제도에는 찬성했다. 그러나 양측의 입장이 달랐다. 의사들은 약사가 임의로 전문 의약품을 판매하는 것은 위험하다고 주장했고, 약사들은 전문 의약품 판매를 못할 경우 경제적 타격이 크기 때문에 포기할 수 없었다. 3차에 걸쳐 의료 대란과 의료 공백이 발생한 소위 '의약분업 사태'가 일어났고, '국민의 건강'이라는 대의는 사라지고 의사와 약사의 밥그릇 싸움으로 변질해 버렸다.

　　이 때문에 한국 제약 산업도 엄청난 변화에 출렁이고 있었다. 의약분업으로 진료와 조제가 분리되면서 예전에는 약사가 결정하던 의약품 수요를 처방권자인 의사가 결정하는 것으로 달라졌다. 의약품 시장이 일반약은 위축되고 전문약 위주로 성장하기 시작했다. 의약분업 초기에는 의사들이 고가의 오리지널 약 위주로 처방을 해서 오리지널 약을 보유한 다국적 제약 회사들의 입지는 강화되고, 국내 제약 기업들의 입지가 위축되었다. 이런 환경 변화 속에서 제약협회는 어느 방향으로 가야 할지 모른 채 안갯속을 헤매는 형국이었다.

　　혼란한 시기에 내가 이사장으로 추대된 이유를 나는 잘 알고 있었다. 정부, 의학계, 제약 업계의 갈등을 중재하고 제약 업계가 성장을 지속할 길을 찾아 달라는 요구가 담겨 있었다. 나는 당분간 한국제약협회 일에 매달릴 수밖에 없었다. 그래서 강승안 사장에게 회사 경영을 맡겼다. 약제학 박사 출신으로 공장장, 연구소장, 영업본부장을 두루 거쳐 회사를 잘 알고, 평소 나의 뜻을 잘 이해하는 분이라 적임자라고 판단했다.

나는 의약분업 갈등이 곧 정리될 것이라고 봤다. 국민들이 의약분업을 지지하고 있었고, 대다수의 선진국에서 이미 성공했기 때문이다. 의사도 약사도 당장은 고통스럽지만 시간이 지나면 '국민 건강을 위한 옳은 방향'임을 인정할 것이라 예상했다. 나는 제약협회가 분쟁에 휘말려 필요 없는 에너지를 낭비하는 것을 원하지 않았다. 그보다는 의약분업을 빠르게 정착시킬 수 있는 방안을 찾았고, 그것을 전제로 우리가 할 수 있는 일부터 해 나갔다.

내가 이사장이 되면서 협회 운영을 회원사 중심의 회무 운영 체제로 전환했다. 이전에는 협회가 정책을 세워 회원사에 전달하는 형태였다면, 이제는 회원사가 주체가 되어 의사 결정을 했다. 의약분업 제도 정착을 위한 방안이 나오면 그 자리에서 회원사들의 찬반에 따라 결정을 하고 바로 행동에 들어갔다. 이렇게 하니 회원사의 참여도가 이전보다 훨씬 높아졌다. 회의에 참석해야만 자신들의 의사가 반영되니까 회원사들이 참여하는 자세가 달라졌다.

제약 업계의 과제도 하나씩 해결해 갔다. 의약분업 초기에는 의사들이 해외 오리지널 의약품 위주로 처방을 하면서 복제약을 주로 생산하던 국내 제약 업계가 어려움을 겪었다. 이는 또 소비자 부담과 의료비를 증가시키는 원인이 되었다. 의사들에게 이런 점을 설명하고 국산 의약품 처방을 늘려 달라고 요청했다. 제약 기업들은 의약분업 시대에 맞게 기업 전략을 수정하고, 신제품 개발에 힘을 쏟는 여건을 마련하도록 독려했다.

협회의 역량 강화, 체질 개선에도 힘을 쏟았다. 나는 한국제약협회가 국제 교류를 강화하여 국제적으로 영향력 있는 단체로 성장하기를 바랐다. 1993년 멕시코 아카풀코에서 세계대중약협회 제11차 총회가 열릴 때는 제약협회 관계자 30여 명을 이끌고 대회에 참석했다. 바로 직전 총회 주최국으로서 업무를 인수인계하려는 목적뿐 아니라 제약인들의 식견을 넓혀 줄 의도도 있었다. 남아메리카의 의약품 현황을 둘러보면서 제약인들이 무척 좋아했다. 제약협회 이사장이 된 후에는 더 적극적으로 해외로 벤치마킹을 다니고, 해외 전문가, 교육 기관과 교류했다.

스코틀랜드 바이오 전문가들을 초청해 제약협회 회관에

서 '바이오테크' 세미나를 열기도 했다. 또 제약협회 회원사들과 세계 최초로 포유동물을 복제해 아기 양 돌리를 탄생시킨 영국 에든버러 로슬린연구소를 방문했다. 유전자 복제에 성공한 이언 윌머트 박사를 만나 유전공학의 발달과 질병 치료를 위한 연구가 어디까지 와 있는지를 직접 배웠다. 제약협회 임원들과 중국에 가서 중국 의약품 시장과 바이오산업 현황을 살피기도 했다.

나는 제약협회 이사장을 하면서 제약 업계가 '우물 안 개구리'에서 벗어나기를 바랐다. 국내에서 우리끼리 벌이는 경쟁으로는 한계가 있다. 해외로 눈을 돌려 다국적 제약 회사들과 경쟁해야 미래가 있다. 해외를 다니면서 한 걸음 더 나아갈 수 있는 기회를 만들고자 했다. 좋은 것도 보고 나쁜 것도 보면서 제약 업계가 함께 발전하는 방향을 찾으려고 노력했다.

제약의 미래를 '바이오'에서 찾은 것도 성과였다. 21세기 BT(Bio Technology) 산업의 핵심으로 제약을 육성해야 한다는 당위성을 설득하고, 정부에도 인식을 시켰다. 한때는 해외에 BT 연구 개발단지 설립을 추진했고, 제약사들이 BT 산업에 투자하는 분위기를 만들었다. 그 후부터 제약 산업의 미래가 바이오에 있다는 것을 확신한 한국제약협회는 아예 한국제약바이오협회로 이름을 바꾸었다.

2004년 제약 업계에서 최고의 권위를 지닌 '동암 약의상'을 수상했다. 상을 주면서 주최 측은 "한국제약협회 이사장에 취임하여 난관에 빠진 국내 제약 산업의 지속적인 발전을 위한 여건 조성에 힘썼으며 제약 산업의 균형적 발전을 위한 기틀을 마련했다. 제약 업계를 대표하는 국제통으로 국내 제약 산업의 세계화에 기여한 인물이다"라고 나를 평했다. 이 안에 내가 2년 동안 발로 뛰면서 했던 일들이 함축되어 있어 상을 받는 기쁨이 더욱 컸다.

내가 이사장을 맡은 동안 한국제약협회는 의약분업 시행의 혼란을 딛고 안정을 찾았다. 미래의 먹을거리를 찾아 제약업이 나아갈 방향을 정했다. 내가 가진 능력이 사회에 보탬이 되었을 때 나는 보람을 느낀다. 한국제약협회에서 일한 2년은 회사 일과 협회 일을 병행하느라 몸은 고되었지만 참으로 의미 있는 시간이었다. 그 후 나는 종근당 이장한 회장을 추천해 제약협회 이사장직을 넘기면서 그에게 더욱 많은 발전을 부탁하였다.

4장

위대한

유산

1 마을 사람들이 모여드는 제천공장
2 안양시에 안양공장을 매각하고 제천에 공장을 짓기
   시작한 것은 2005년이다. 2006년 완공했다.

3 신당동에 사옥 땅을 마련하자 아버지가
  무척 기뻐하셨다. 1991년 사옥 착공식.
4 문화예술을 사랑하는 사람으로서 뭔가
  사회에 도움이 되는 일을 하고 싶어 헤이리
  더스텝을 시작했다.

5 제약협회 운영과 유유제약 경영을 통한
  국민보건 향상을 위한 공로를 인정받아
  2003년 4월 '국민훈장 모란장'을 받았다.
6 대통령상 수상
7 유유제약 서울 사옥 앞에는 '주한
  아이티공화국 명예영사관'이라는 현판이
  붙어 있다. 나는 1997년부터 주한
  아이티공화국 명예영사를 맡아 왔다.

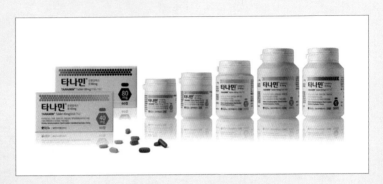

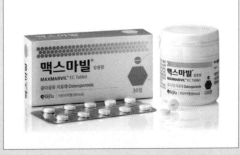

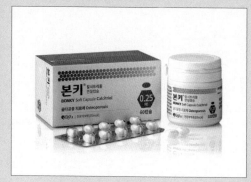

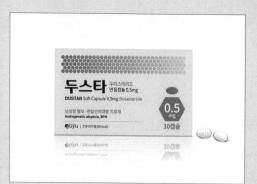

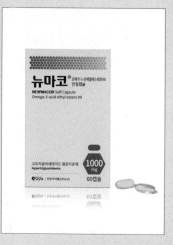

김중업건축박물관이 된
안양공장

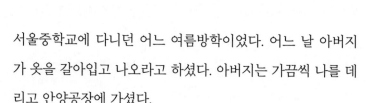

서울중학교에 다니던 어느 여름방학이었다. 어느 날 아버지
가 옷을 갈아입고 나오라고 하셨다. 아버지는 가끔씩 나를 데
리고 안양공장에 가셨다.

그때 유유제약의 생산 공장은 안양에 있었다. 1950년대
안양은 관악산과 삼성산이 만나는 외진 곳이었다. 지금이야
안양이 도심이지만 그때는 서울에서 가려면 시외버스와 택
시를 몇 번 갈아타고 들어가야 할 정도로 교통이 불편했다.

아버지는 공장 부지를 찾아 여러 곳을 돌다가 자연 경관이 아름다운 안양시 만안구 석수1동 212번지 주변 야산을 매입했다. 공장 부지는 삼면이 산으로 둘러싸여 있고, 옆으로 삼성천이 흘러 풍광이 아름다웠다. 회사는 〈비타엠〉, 〈유파스짓〉의 잇따른 성공으로 생산량을 늘려야 할 시점이었다. 마침 유망 기업에 융자해 주는 제도가 있어 정부로부터 6,000만 환을 빌려 공사를 시작했다.

아버지는 세계적인 건축가였던 김중업 씨에게 공장 설계를 맡겼다. 김중업 작가는 일본과 프랑스에서 공부했고, 현대 건축의 거장 르코르뷔지에에게 가르침을 받았다. 김중업 작가가 설계한 대표적인 작품이 〈주한 프랑스대사관〉, 〈서강대학교 본관〉, 〈삼일로 빌딩〉, 〈올림픽공원 평화의 문〉이다. 이런 거장에게 아버지는 산골짜기에 있는 공장 설계를 의뢰하셨다. 공장은 그저 벽돌을 쌓아 기계만 돌리면 된다고 생각하던 시절에 아버지는 이미 한 발 앞서 건축과 예술의 아름다움을 추구하셨다.

아버지는 1953년에 세계 일주를 하셨다. 프랑스, 이탈리아, 스위스 등 선진국에서 역사적인 건축물을 보셨다. 그러면서 세상을 보는 탁월한 식견을 쌓으셨다. 그러니 제약 회사 공장을 지으면서 한국을 넘어, 이미 세계적인 건축가였던 김중업 씨를 초빙한 것이 아닌가 싶다. 모르기는 해도 보통 건축가에게 주는 비용의 몇 배 이상을 설계비로 지불하셨을 것이다.

터를 다지고 공사를 시작하려고 보니 이곳이 신라 시대 중초사, 고려 시대 안양사 절터였다는 것을 알게 되었다. 신라 제42대 흥덕왕 때의 당간지주가 떡하니 서 있었던 것이다. 당간 지주란 절에서 행사를 알리는 깃발을 꽂아 두는 기둥을 말한다. 당간 지주로부터 80미터 떨어진 밭에서는 고려 시대 삼층석탑이 쓰러져 있는 것이 발견되었다.

아버지는 곧 고민에 빠졌다. '이 문화재들을 어떻게 할 것인가?' 당시는 문화재 관련 법이 허술해서 땅 소유주가 마음만 먹으면 얼마든지 몰래 처분할 수 있었다고 한다. 그러나 아버지는 당간 지주를 공장 입구 근처에 그대로 두는 선택을 하셨다. 그리고 밭에 묻혀 있던 삼층석탑은 당간 지주 곁으로 옮겨 세웠다. 문화재가 있으면 마음대로 땅을 활용할 수 없다는 것을 알면서도, 아버지는 기꺼이 우리 문화재를 지키는 결정을 하셨다.

김중업 건축가의 설계는 남달랐다. 자연과 완벽한 조화를 이루도록 건물을 지었다. 디자인은 르코르뷔지에의 영향을 받았으면서도 한국 정서에 맞는 독창성을 추구했다. 천장에 유리로 창을 내어 햇빛이 공장 안쪽 깊숙한 곳까지 들어오게 한다거나 파격적으로 건물의 기둥을 바깥으로 빼서 내부 공간을 사용하는 데 기둥이 방해되지 않도록 했다. 배관조차 보이지 않도록 하고 유리로 벽면을 만들어 '백 년을 앞선 건축'이라는 평가를 받았다. 공장이지만 종합 예술관이라고 해도 손색이 없을 정도로 조형미가 아름다웠다. 하다못해 경비실마저 본관 건물과 조화를 이루도록 독창적으로 설계했다. 생전에 김중업 건축가는 "이 건축은 탁월한 예술적 안목을 지닌 유특한 회장이라는 건축주가 있었기 때문에 탄생할 수 있었다"라고 말했다. 이곳에는 한때 생산과 연구 활동을 하는 유유제약 직원 350여 명이 머물렀다. 이 건물이 얼마나 아름다웠는지 호텔인 줄 알고 숙박을 하겠다며 들어오는 이도 있었다.

아버지는 여기에서 한 걸음 더 나아갔다. 조각가로는 처음으로 대한민국 국전에서 대통령상을 받은 박종배 작가에게 작품을 의뢰했다. 유유의 정신과 문화를 설명하고, 이를 표현하는 조각 작품을 부탁하셨다. 그렇게 탄생한 작품이 어머니가 자식을 품듯 정성과 사랑의 경영 정신을 상징하는 〈모자상〉과 유유의 개척자 정신을 나타내는 〈파이오니아상〉이다. 안양공장 앞쪽에 설치한 〈모자상〉과 〈파이오니아상〉은 유유의 가치, 정신, 철학을 드러내는 상징과도 같은 존재들이다. 요즘은 문화예술진흥법에 따라 건축 연면적이 1만 제곱미터 이상이면 의무적으로 미술 작품을 설치해야 하지만 그 시절에는 건축물에 미술 작품을 설치하는 개념조차 없었다. 나의 아버지 유특한 회장은 경영과 예술을 접목하는 혜안을 지닌 분이었다.

공장 운영도 선진적이었다. 당시 안양공장에는 생산 시설과 연구소가 함께 있었다. 연구소에는 20~30명의 약사가 근무를 했으며, 생산 부서에 제품 생산 공정별로 약사가 공정 품질 관리를 하며 우수 의약품을 생산하였다. 아버지는 최고의 인재를 확보하는 데 투자를 아끼지 않으셨다. 서울대, 중앙대, 이화여대 출신 약사들을 파격적인 조건으로 채용했다. 주로 약대 수석 졸업생, 약대 학장의 추천을 받은 최고 엘리트들이었다.

서울에서 안양까지 출퇴근이 쉽지 않던 시절이라 연구원 대부분이 회사 기숙사에서 생활했다. 업무를 마치면 딱히 할 일이 없었다. 주변에 상업 시설도 없어 꼼짝없이 기숙사에 갇혀 있어야 했다.

아버지는 직원들을 위해 공장 건물 3층에 댄스 연습장을 만들어 주셨다. 오디오 시스템을 설치하고 밤마다 댄스를 배우는 프로그램을 운영했다. 무용을 전공한 전문 강사를 초빙해 직원들이 재미있게 저녁 시간을 보낼 수 있도록 하셨다. 요즘 말로 하면 '펀 경영'을 실천하신 것이다. 직원들이 무료하지 않게 생활하고 즐겁게 일에 몰입할 수 있는 사기 진작 프로그램이었다. 댄스 교실은 단순한 일회성 이벤트가 아니라 몇 년 동안 지속한 상설 프로그램이었다. 그 당시는 춤에 대한 인식이 썩 좋지 않았는데, 아버지는 "서양에서 춤은 건전한 사교 프로그램"이라면서 적극 지원해 주셨다. 때로는 영국처럼 케이크와 홍차를 마시는 티타임을 가졌고, 음악 강사를 초빙해 직원들에게 합창을 가르치기도 했다. 그때 춤을 추면서 친해져서 연애를 한 커플도 있고, 음악을 가르치던 강사와 결혼한 직원도 있다고 하니 정말 직원들의 사기를 드높인 프로그램이 맞는 것 같다.

아버지는 나에게 안양공장 곳곳을 보여 주셨다. 때로는 직원들이 아버지에게 보고할 때 옆에서 내용을 듣기도 했다. 아버지는 아들인 내게 안양공장을 자랑하고 싶으셨던 것 같다. 제약 회사의 분위기를 익히고 경영에 대한 책임감과 긍지를 심어 주시려는 의도도 있었을 것이다. 직원들이 회사를 위해 얼마나 열심히 일하는지를 보여 주면서 나를 간접적으로 교육하신 것인지도 모른다. 그때는 아버지의 깊은 마음을 다

헤아리지 못했지만 어린 나는 아버지와의 안양공장 나들이가 즐거웠다. 안양유원지 맑은 물에서 수영도 하고 아버지가 사 주시는 맛있는 저녁을 먹고 집으로 돌아오곤 했기 때문이다.

1959년 완공된 안양공장은 반백 년이 넘는 세월과 창업자 유특한 회장의 정신과 유유의 문화가 담긴 그릇 역할을 했다. 〈비나폴로〉가 한창 인기가 있을 때는 밤낮을 가리지 않고 공장을 가동했던 영광과 추억이 서린 곳이다.

그러던 2003년 어느 날 신중대 안양시장을 비롯한 공무원 몇 사람이 나를 찾아왔다.

"안양시가 '아트시티21'을 추진하고 있습니다. 민간 토지와 건물을 수용하여 안양예술공원을 조성하는 프로젝트입니다. 김중업 건축가의 작품이 안양시에 남아 있다는 것은 저희에게 큰 자산입니다. 이 건물을 저희에게 팔아 주십시오. 이곳을 김중업박물관으로 꾸미고자 합니다."

큰 고민이 아닐 수 없었다. 박물관을 만든다는 취지는 좋지만 아버지와 유유의 얼이 담긴 안양공장을 매각하는 것은 쉬운 결정이 아니었다. 그러나 오래 고민하지는 않았다.

'박물관을 만들면 공장으로 사용할 때보다 더 많은 사람이 이곳을 방문할 것 아닌가? 이웃 사람, 시민 모두를 이롭게 하는 방향으로 결정하자. 아버지의 손길이 곳곳에 묻어 있는

이 건물이 영원히 세상에 남을 수 있는 방법을 택하자!'

공장을 이전해서 지을 정도의 비용만 받고 안양공장의 땅과 건물을 안양시에 넘겼다. 나는 지금까지 경영을 하면서 사사로운 이익보다는 공익이 앞서는 선택을 해 왔다. 그것이 아버지에게 배운 경영이며, 국가관이 투철한 우리 유씨 집안의 전통이기도 하다. 토지 시세, 건물 가치, 그간의 투자 비용을 고려하지 않았다. 〈파이오니아상〉, 〈모자상〉 등 예술 작품을 모두 그대로 두고 왔다. 괜히 작품을 옮기다가 부서질까 걱정스럽기도 했지만, 이 작품은 건물의 일부로 안양공장과 어우러졌을 때 가장 아름답기 때문이다.

대신 '건물이나 구조물을 그대로 보존하여 유특한 회장과 김중업 건축가의 뜻이 후대에 전해지도록 해 달라', 또 '시민들이 자주 찾는 구경거리로 만들어 달라'고 부탁을 했다. '돈'만 생각했다면 팔지 못했을 것이다. 우리가 직접 그 건물을 상업적으로 활용했으면 훨씬 더 큰 이익을 얻었을지도 모른다. 그러나 나는 지금도 아무 후회가 없으며, 가장 합리적으로 결정한 것이었다고 생각한다. 60년 전에 지은 이 건물이 얼마나 훌륭한 건축이었는지를 입증받은 것이 오히려 자랑스럽다. 아마 아버지도 살아 계셨다면 '안양공장을 공공의 이익을 위한 박물관으로 남겼으니, 참 잘했구나!' 하실 것이다.

신당동에 사옥을
마련하다

2018년 여름 신당동 서울 사옥 리모델링을 마쳤다. 리모델링을 하는 1년여 동안 주변 건물에 흩어져 근무하느라 고생한 직원들이 오랜만에 다시 한자리에 모였다. 1층에 방문객을 위한 카페테리아가 자리해 첫인상부터 아늑한 느낌이 든다.

　나는 리모델링한 사옥을 둘러보다가 2층 대회의실에서 걸음을 멈추었다. 아버지의 아호를 따서 '인호(仁湖)홀'이라 부르는 이 방은 창업주의 초상화와 유유의 역사를 한눈에 볼 수 있는 작은 박물관으로 꾸며져 있다. 아버지의 초상화를 보면서 이 사옥에 처음 입주했던 날이 떠올랐다.

신당동에 땅을 마련한 것은 1989년이었다. 1980년대 서울에는 부동산 투기 열풍이 불어 강남, 강북 할 것 없이 하루가 멀다 하고 값이 올랐다. 유유제약은 1963년 의약품 원료 개발을 하는 데 돈이 필요해 명동 한복판에 있던 사옥을 팔았다. 그 뒤 내 집 없이 종로, 안국동을 떠돌면서 셋방살이를 전전했다. 하루는 전창기 전 사장이 내 방에 오더니 부동산 이야기를 꺼냈다.

"신문을 보니까 요즘 부동산 가격 상승이 심각합니다. 이러다가는 사옥을 마련할 기회를 영영 놓칠지도 모르겠습니다. 조금 무리를 하더라도 사옥을 지을 땅을 사놓는 게 어떨까요? 계속 셋방살이를 할 수는 없지 않겠습니까?"

그때 회사는 급박한 위기를 겨우 벗어나고 있던 참이었다. 내가 회사 경영을 맡으면서 이익 위주로 회계 방식을 변경한 것이 자리를 잡으면서 회사 수익이 조금씩 증가하고 있었다. 그렇다고 사옥을 마련하기에는 턱없이 자금이 부족했다.

전창기 사장의 제안도 일리가 있었다. 회사 상황은 여의치 않지만 사옥은 언제고 필요했다. 우리가 가진 돈으로 무리하지 않는 선에서 살 수 있는 땅을 알아보기로 했다. 강북 중심가는 여전히 비쌌고, 강남은 투기꾼들이 몰려 있어 적당한 곳을 찾기 어려웠다. 마침 신당동에 땅이 나왔다고 해서 가 보았다. 크지는 않지만 입지가 괜찮았다. 이야기를 들어 보니까 이 주변에 박정희 대통령이 자주 찾은 술집이 있어서 개발이 덜 되어 주변 장충동, 동대문에 비해 땅값이 저렴하다고 했다. 나는 이 땅이 마음에 들었다. 아버지가 계신 장충동과 가까워서 좋았고, 강남과 강북으로 오가는 교통도 괜찮았다. 지하철 3호선 약수역이 바로 옆에 있어 직원들 출퇴근도 수월할 것 같았다. 아버지를 모시고 와서 보여 드렸더니 입지가 남향이 아니라며 걱정을 하셨다. 그러자 공사관리 팀장이 나섰다.

"회장님, 걱정 마십시오. 사람 사는 집은 남향이 좋지만 상가는 북향이 좋습니다. 상점에 햇빛이 깊게 들면 물건이 쉽게 상합니다."

그제야 아버지는 마음을 놓으시고 여기저기 둘러보셨다. 명동 사옥을 잃은 것을 늘 가슴에 담아 두셨던 아버지는 너무나 좋아하셨다.

사옥 건축을 위한 설계에 들어갔다. 이 땅은 남산 경관을 해치지 않아야 하는 건축법 때문에 7층까지 건물을 지을 수 있었다. 기왕 짓는 거 7층까지 건물을 올릴 계획이었다. 7층으로 설계를 했고, 엘리베이터도 7층을 예상하고 진행했다. 이때 아버지가 제지를 하셨다.

"건물 지을 때 무리하지 마라. 뒷날이 부담스럽지 않으려면 우리 규모에 맞게 지어야 한다. 그간 셋방살이를 했는데 이것도 충분히 고맙다."

나는 아버지 말씀을 따르기로 했다. 설계안을 7층에서 5층으로 축소했다. 건축 자금 일부는 은행에서 빌려 충당했다.

1992년 6월 2일, 서울시 중구 신당동 358-9(동호로 197)에 우뚝 선 신사옥 준공 테이프를 끊었다. 아버지는 물론이고 임직원 모두가 감격에 젖었다. 유유제약에 오래 근무한 직원들은 눈물을 글썽이기도 했다. 나도 가슴이 벅차올랐다. 어려운 상황을 딛고 내 집을 마련했다는 기쁨에 한동안 말을 잇지 못했다. 매달 월세 걱정 없이, 해마다 이사 고민하지 않고 사무실을 쓸 수 있게 된 것이 행복했다. 그해 직원들에게 주는 캐치프레이즈를 "새 터전 새 사고로 변화에 대응하자"로 정하고 마음을 다잡았던 기억이 생생하다.

유유제약 서울 사옥을 지은 뒤 건물 가치를 높이는 행운이 따라 주었다. 약수역이 지하철 6호선 환승역이 되면서 교통이 더 편리해졌다. 2014년에는 서울시가 약수고가도로를 철거해서 시야가 탁 트였다. 그렇게 20여 년을 생활하다가 시

설이 오래되고 공간이 더 필요해지면서 7층까지 증축을 결정
했다. 골조만 남기고 내외부를 완전히 바꾸는 큰 공사를 끝내
고 다시 새 마음으로 일을 하고 있다.

유유제약 서울 사옥은 단순한 건물이 아니다. 유유제약
삶의 터전이자 희망의 상징이다. 한동안 어려움을 겪던 유유
제약이 본래의 궤도에 올랐음을 증명한 것이었다.

영혼을 치유하는 약,
오페라

지난 연말 국립오페라단의 공연 〈라보엠〉을 보기 위해 예술
의전당에 갔다. 로돌프와 미미가 작은 다락방에서 우연히 만
나 첫눈에 반하고, 오해로 헤어졌다가 미미의 죽음 앞에서 사
랑을 확인하는 〈라보엠〉은 다시 봐도 감동적이었다. 크리스
마스와 연말로 이어지는 바쁜 시기인데 빈 좌석 없이 꽉 찬
객석을 보니 뿌듯했다. 이렇게 많은 사람들이 오페라를 즐길
수 있기까지 내가 조금은 힘을 보탰다는 긍지 때문이다.

나는 2000년부터 국립오페라단을 후원해 왔다. 그동안 〈전쟁과 평화〉, 〈사랑의 묘약〉, 〈투란도트〉, 〈맥베스〉, 〈라 트라비아타〉 등 다수의 오페라 공연이 무대에 오르도록 지원을 했다. 2000년부터 지금까지 국립오페라단 후원회장을 맡아 국내 오페라의 저변을 확대하는 일에 앞장섰다. 처음에는 후원회장까지 할 생각이 없었다. 그저 오페라를 좋아하는 팬으로서 국립오페라단의 공연에 협찬을 하는 정도로 생각했다.

어느 날 우리나라 벤처캐피탈 1세대 서갑수 회장(전 한국기술투자 회장)이 연락을 했다. 오랜 친구로 지낸 사이인데, 맡고 있던 국립오페라단 후원회장을 갑자기 그만두어야 할 상황이라며 나에게 맡아 달라고 했다. 회사 일, 제약협회 일로 바쁠 때라 몇 번 거절을 했다. 그는 "국립오페라단의 활동 덕분에 이제 막 우리나라에 오페라 문화가 자리 잡기 시작했는데 여기서 멈추면 그간의 노력이 사라진다"라며 간곡하게 부탁을 했다. 오랫동안 오페라를 즐겨 온 애호가로서 모른 척할 수가 없었다.

나는 어려운 상황에 놓인 조직을 보면 어떻게든 그들을 돕고 문제를 해결해 주어야 한다는 책임감이 생긴다. 미국에서 회사로 돌아왔을 때도 그랬고, 제약협회 이사장을 맡았을 때도 그랬다. 국립오페라단이 어려운 상황이라는 것을 알고 나니 더 거절하기가 어려웠다. 나는 서갑수 회장의 요청을 받아들여 국립오페라단 후원회장을 맡았다.

내가 오페라를 좋아하게 된 것은 아버지 덕분이다. 아버지는 그 연배에서 찾기 힘든 고급스러운 취미를 갖고 계셨다. 문학, 음악, 미술을 즐기고 예술가들과 교류하는 것을 좋아하셨다. 아버지는 승마를 하고 싶어 하셨는데 당신이 직접 탈 여유까지는 없었던지 대신 아들인 나에게 승마를 가르치셨다. 나는 중학교 시험을 보고 난 후 말을 타다가 떨어져서 팔을 다친 적도 있다. 의사였던 이모부랑 같이 말을 탔던 기억도 있다.

아버지는 클래식 음악에 해박하셨는데, 특히 보헤미안처럼 낭만적인 음악을 좋아하셨다. 오페라도 무척 사랑하셨다. 혜화동에 살 때 우리 집에는 꽤 좋은 음향 기기가 있었다. 거실에서는 커다란 스피커를 통해 오페라 〈아이다〉, 〈카르멘〉, 〈라보엠〉의 음악이 흘러나왔다. 제목과 내용은 잘 몰라도 자주 들으니 귀에 익었다. 그러다가 미국에서 유학할 때 오페라를 직접 볼 기회가 있었다. 유명한 오페라 공연장에 가 보면서 오페라를 알게 되었고 오페라의 재미에 푹 빠졌다.

국립오페라단 후원회장을 수락한 이유 중 하나는 '아버지의 부재'였다. 1999년 아버지가 돌아가시고 나서 나에게 주말이 생겼다. 미국에서 돌아온 이후 16년 동안 나에게는 주말이 없었다. 주말마다 아버지에게 가서 회사 일을 보고하고, 아버지 의견을 들어야 했기 때문에 주말 시간은 또 다른 근무 시간이었다. 해외 출장이나 피치 못할 사정이 아니면 거의 빼놓지 않고 친가에 갔다. 그때는 취미 생활을 할 여유가 없었다.

아버지가 돌아가시고 난 후에는 친가에 매주 가지 않으니까 시간이 생겼다. 그 시간에 음악회를 가고, 오페라도 볼 수 있었다. 오페라 관련해서는 주로 주말에 모임이 있고, 공연도 대개 주말에 하니까 회사 일에 방해되지 않겠다 싶어서 국립오페라단 후원회장을 맡았다.

오페라를 좋아하는 사람들과 교류하는 즐거움도 컸다. 전·현직 후원회장들과 만나 오페라를 보고 오페라 이야기를 나누면 시간 가는 줄을 모른다. 고인이 된 세아그룹 이운형 회장과 가깝게 지냈고, 이구택 전 포스코 회장, 박용만 두산 인프라코어 회장과도 이사장으로 같이 일했다. 지금은 후원회장은 그만두고 명예회장으로 여전히 국립오페라단의 공연이 있을 때마다 크고 작은 힘을 보태고 있다.

나는 오페라가 경영과 무척 닮았다고 생각한다. 오페라는 음악은 물론이고 문학, 연극, 미술이 합쳐진 종합 예술이다. 기업 경영도 제품 기획, 연구·개발, 영업·마케팅 등 모든 요소가 조화를 이루어야 최상의 결과가 나온다. 조직이 가진 최상의 역량을 끌어내야 한다는 점에서 기업의 CEO와 오페라 연출자는 역할이 비슷하다. 그래서 내가 오페라를 좋아하는지도 모르겠다.

기업이 문화예술을 지원하는 메세나(mecenat) 활동은 회사의 문화적 이미지를 높이는 효과가 있다. 직원들은 문화예술을 접하면서 아름다움을 경험한다. 내가 후원회장을 하면서 유유제약 직원들이 오페라 공연을 볼 수 있는 기회를 자주 만들었다. 외부 거래처 접대에도 오페라를 많이 활용했다. 김영란법을 시행하기 이전에도 유유제약은 의사, 약사 들에게 술, 골프 접대를 하는 대신 오페라 공연 티켓을 보냈다. 처음에는 오페라를 낯설어 하던 사람들도 한번 오페라를 보고 나면 관심을 갖고 좋아했다. 오페라를 널리 알려 더 많은 사람들이 즐기는 대중적인 문화가 되도록 노력했다. 이런 활동을 통해 유유제약의 이미지도 좋아졌다.

나는 평생 제약업에 종사하면서 과학을 최상의 가치로 여기며 살았다. 그러나 최첨단 과학이 닿지 못하는 영역이 있다. 바로 사람의 마음과 영혼이다. 이 빈 부분을 채울 수 있는 힘이 문화와 예술에 있다. 나는 항상 "약은 몸을 치료하고, 오페라는 사람의 영혼을 치료하는 약"이라고 말한다.

예술을 즐기는 나는 옷차림도 무척 중요하게 여긴다. 옷은 그 사람의 생활 방식과 예술 감각을 드러낸다. 옷은 깨끗하고 반듯하게, 때와 장소에 맞춰 입는 것이 중요하다. 나는 미국에서 혼자 생활하면서도 옷을 깨끗하게 빨아 깔끔하게 다림질해서 입었다. 그래서인지 '옷을 잘 입는 사람'이라는 칭찬도 몇 번 들었다. 회사에서는 주로 어두운 색깔의 슈트를 입었지만 생활이 조금 자유로워진 요즘은 색감 있는 옷을 즐겨 입는다. 아내가 색채 감각이 있어서 내게 어울리는 옷, 모자, 머플러를 잘 골라 준다. 오페라를 보러 갈 때는 예의를 갖추면서도 나의 예술 감각과 개성을 드러내려고 조금 더 신경을 쓴다.

2001년부터 헤이리프라자㈜ 대표이사를 맡아 미술과 공간예술 쪽에 관심을 기울이고 있다. 미술 역시 내 오랜 관심 영역 중 하나이다. 아내가 서울대에서 미술을 전공했고, 딸도 로드아일랜드 디자인 스쿨(RISD)에서 미술을 공부하고 큐레이터로 일을 했기 때문에 늘 미술과 가까이 있었다.

내가 책임을 맡고 있는 '헤이리 더스텝'은 경기도 파주 헤이리 예술마을에 있는 문화 쇼핑 갤러리이다. 예술마을이라는 입지에 걸맞게 건물 구조를 특색 있게 꾸몄다. 도자기공방, 촛불공방, 비누공방, 우쿨렐레공방 같은 독특한 가게들이 입주해 있다. 또 작가공방이 있어 회화, 만화, 의상 등 미술계에서 활동하는 다양한 작가들의 작업을 지원하고 있다.

헤이리 더스텝은 한길사 김언호 회장, 박영사 안종만 회장과 맺은 인연으로 시작한 일이다. 출판인들이 뜻을 모아 파주출판단지를 만드는 것을 보면서 내심 부러웠다. '우리 제약인들도 힘을 모아 단지를 조성하고, 물류나 유통을 공동으로 해결한다면 산업 전체에 시너지가 일어날 텐데…'라고 생각했다. 한때 내가 나서서 제약단지를 기획하기도 했으나 시간이 흐르면서 흐지부지되고 말았다. 지금 생각해도 아쉬운 일이다.

내가 출판, 문화, 예술인들과 자주 교류하는 것을 본 김언호 회장이 '경영학 학위도 있고 예술 쪽에 관심이 많으니 예술 관련 출판을 해 보면 어떠냐?'라고 권했다. '나는 제약인이기 때문에 의약품과 관련한 사업이 아닌 다른 분야에 눈돌릴 생각은 없다'라고 웃으며 넘겼다. 그런데 2000년쯤이었나, 출판인들이 파주 출판단지, 헤이리 예술마을을 준비하면서 유럽 예술마을들을 답사하는 데 나를 초대했다. 셰익스피어가 활동했던 영국 스트래퍼드어폰에이번, 괴테가 살았던 독일 바이마르를 가 보고 나서 생각이 달라졌다. '출판 사업은 하지 않더라도 문화예술을 사랑하는 사람으로서 뭔가 사회에 도움 되는 일을 해야겠다'는 생각이 들었다. 그래서 헤이리 더스텝을 만들고, 예술 공간으로 운영하는 일에 참여했다. 아직 만족스러운 결과에 이르지는 못했지만 내가 좋아하는 분야의 일이기에 기쁘게 봉사하고 있다.

음악, 미술, 문학은 인류의 문화자산이다. 나는 기업인이지만 인류의 소중한 문화자산이 지켜지도록 도울 의무가 있다. 미국에서는 카네기홀, 링컨센터 등 기업인들이 앞장서서 문화예술에 도움을 주는 경우를 많이 보았다. 우리나라도 그런 움직임이 좀 더 활발해지기를 바란다. 기업의 목적이 돈을 버는 것에만 있는 것은 아니다. 기업 활동으로 얻은 이익을 사회를 위해 쓸 줄 알아야 한다. 기업이 문화예술을 지원하는 것은 이윤의 사회 환원이라는 윤리를 실천하는 아주 좋은 방법이다.

뒤늦게 이룬
외교관의 꿈

유유제약 서울 사옥 앞에는 '주한 아이티공화국 명예영사관'
이라는 현판이 붙어 있다. 이곳에서 비자 발급 업무를 하고,
아이티공화국에서 주요 인사들이 방한하면 식사를 대접한다.
우리나라 상공인들과 연결하는 면담도 주선하는 등 보이지
않는 곳에서 뒷바라지를 한다.

나는 1997년부터 현재까지 주한 아이티공화국 명예영사
로 일하고 있다. 명예영사는 본국에서 파견하는 직무 영사와

달리 상대국에 있는 본국인이나 민간인 중에서 영사를 위촉하는 제도이다. 명예영사가 되면 여권, 비자 발급 같은 영사 업무를 담당하고, 양국 간 교류 증진에 주력한다. 보수는 전혀 없고 오히려 자비를 들여 외교 활동을 하는 경우가 대부분이다.

반면 명예영사들이 누리는 혜택은 임명국을 방문할 때 공항에서 영접 서비스를 받는 정도다. 나의 비용과 시간을 들이는 일이지만 우리나라 국가 이미지를 높이고, 양국을 잇는 경제 외교관 역할을 하는 명예로운 봉사 활동이다. 그렇게 시작한 일을 벌써 20년 넘게 하고 있다.

아이티공화국은 카리브해 연안 히스파니올라섬의 서쪽을 차지한 작은 나라다. 섬의 동쪽을 차지한 도미니카공화국과 국경을 맞대고 있다. 국토가 한반도의 8분의 1 정도인 아이티공화국은 오랫동안 프랑스의 식민지였다.

품질 좋은 사탕수수가 많이 났기 때문에 서구 열강이 서로 욕심을 냈다. 원주민의 값싼 노동력을 이용하던 프랑스 농장주들은 사탕수수 생산을 늘리기 위해 아프리카에서 흑인 노예를 대거 데려왔다. 1789년 프랑스에서 시민혁명이 일어나자 이 소식이 아이티에도 전해졌다. 인종 차별과 계급 간의 충돌이 계속되던 이 섬의 주민들은 노예제 폐지를 주장하며 독립운동을 시작했다. 아이티 주민들은 프랑스를 인정하지 않겠다고 선언하고 자치 정부를 세웠다. 혼란을 틈타 이번에는 영국이 아이티를 차지하기 위해 쳐들어왔다. 이번에는 영국 식민지가 되는 것을 막기 위해 격렬하게 저항했다.

그런데 문제가 생겼다. 아이티의 날씨가 더워지고 습기가 많아지면서 모기가 극성을 부리기 시작한 것이다. 이 모기들은 황열병을 옮겼다. 황열병에 걸리면 두통과 고열이 계속되고 음식을 먹으면 토하면서 현기증이 심해 꼼짝을 하지 못한다. 나중에는 입, 코, 눈, 위장에서 출혈이 발생해 일주일 안에 죽는 무서운 전염병이다. 그러나 어릴 때 황열병을 앓다가 나으면 평생 면역력이 생긴다. 모기에 물려도 꿈쩍없는 아이티 주민들과 달리 면역력이 전혀 없는 영국군은 줄줄이 죽어 나갔다. 이 섬에 머물던 영국군의 절반 이상이 황열병에 걸려 목숨을 잃었다고 한다.

1802년 나폴레옹의 프랑스 군대가 다시 아이티를 차지하려고 쳐들어왔지만 이때도 모기의 습격을 이겨 내지 못했다. 2만 명의 병력 대부분이 황열병에 걸렸다. 프랑스도 모기 때문에 아이티를 포기하고 물러날 수밖에 없었다. 신이 보낸 모기 덕분에 영국과 프랑스 세력을 물리친 아이티 주민들은 1804년 프랑스로부터 완전히 독립했다. 그리고 라틴아메리카에서 첫 독립국가인 아이티공화국을 세웠다. 세계 최초의 흑인 공화국이었다.

아이티는 농업을 주로 하고 관광업이 주력 산업이지만 2015년 기준 1인당 GDP가 832달러 정도인 최빈국이다. 아이티공화국은 우리나라와 교류가 많지 않고, 대사를 파견하지 않은 '비상주 공관'이라 오래전부터 명예영사 제도를 활용하고 있다.

아이티공화국의 명예영사직을 맡아 달라는 요청이 왔을 때 나는 곧바로 수락을 했다. 잊고 있었던 내 어릴 적 꿈이 생각났기 때문이다. 중고등학교를 다닐 무렵 내 꿈은 외교관이었다. 영어도 꽤 잘했고 다른 나라에 대한 호기심도 많았다. 한국을 대표하는 대사가 되어 해외로 나가는 것이 무척 근사해 보였다.

그러나 대학에 진학해 수학, 경제학을 공부하고 대학원에서 재정학을 전공하면서 외교관의 꿈은 어느새 잊혔다. 공부를 마친 나는 경영학자가 되었고, 한국에 돌아와서는 경영자로 사느라 정신이 없었다. 그러다가 회사가 안정될 즈음 명예영사를 제안받고 기쁜 마음으로 응했다. 이전까지 아이티에 대해서는 전혀 아는 것이 없었다. 그저 가난한 국가니까 내가 기업가로서 조금은 도움을 줄 수 있을 것 같아서 수락을 했다. 명예영사로 일을 하면서 아이티공화국에 대해 알게 되었고 이 나라에 점점 관심이 커졌다.

오래 일을 하다 보니 2013년에는 주한 명예영사단 단장에 선임되어 5년이나 책임을 맡았다. 주한 명예영사단은 2018년 현재 전 세계 101개국에서 임명한 133명으로 구성된 외교부 인가 단체다. 단장이 되고 나서는 명예영사단의 화합과 소통에 중점을 두었다. 이 일은 자신이 좋아하고 자랑스럽게 여기지 않으면 지속하기 어렵다. 나는 명예영사가 직업 외교관이 할 수 없는 일을 하고 있으며, 우리나라의 위상을 높이는 중요한 역할이라 생각한다.

단장이 되고 나서 부산에서 명예영사단 전체가 모이는 총회 자리를 마련했다. 1년에 한 차례 외교부 장관이 마련한 초청 리셉션에 참석하거나, 필요에 따라 소규모로 모이는 일은 있어도 명예영사단 전체가 한자리에 모인 것은 그때가 처음이었다. 부산 총회를 통해 화합하고 소통하면서 명예영사들의 활동을 격려했다. 내가 후원하는 국립오페라단 공연에 명예영사단을 초대하여 함께 오페라를 보며 친목을 다지기도 했다.

명예영사를 하면 그 나라 뉴스에 촉각이 선다. 좋은 일은 함께 기뻐하고 혹시 안 좋은 일이 생겼을 때는 그 나라 국민들처럼 눈물을 흘린다. 2010년 1월 12일 아이티공화국에 리히터 규모 7.0의 강진이 일어났다는 뉴스를 듣고 가슴이 철렁했다. 수도 포르토프랭스 인근에서 발생한 지진은 인구 200만 명이 거주하는 도시를 초토화시켰다. 지진에 취약한 건물들이 무너졌고, 국회의사당과 대통령궁도 피해를 입었다. 공공건물, 병원 등 사회기반시설도 대부분 파괴되었다. 대지진으로 아이티에서 약 50만 명의 사상자와 180만 명의 이재민이 발생했다. 피해액이 전년도 아이티공화국 국내총생산을 넘었다. 이 나라 북동쪽은 북아메리카 판과 카리브 판이 만나는 경계이기 때문에 원래도 지진 위험성이 높은 곳이다.

지진 소식을 듣고 그대로 있을 수 없었다. 여기저기 뛰어다니면서 모금 활동을 했고 나도 구호 성금을 보냈다. 아이티공화국에 유유제약의 의약품을 보내려고 백방으로 알아보기도 했다. 그러나 현지 사정으로 마음만큼 충분히 전달을 하지 못했다. 아이티공화국은 프랑스어와 크리올어를 공용어로 쓰기 때문에 커뮤니케이션이 쉽지 않았다. 현지 인프라가 부족해 우리 쪽에서 연락을 하면 한참 뒤에나 답변이 왔다. 나중에 들어 보니 구호 단체 간의 협력이 제대로 이루어지지 않아 구호 활동이 지체되었다고 한다. 공항이 파괴되어 구호물자의 전달과 배분도 제때 이루어지지 못했다. 이재민 수가 너무 많은 데다 피해 규모가 워낙 커서 아직도 제대로 복구를 하지 못하고 있다.

나는 세계 최빈국 아이티공화국을 위해 건강이 허락하는 한 명예영사직을 수행할 계획이다. 요즘도 그 나라 장관이 왔을 때 공항 영접을 나가고, 상공인의 비즈니스 미팅을 주선해 아이티의 경제 성장을 돕는다. 내가 이 일을 계속하려는 이유는 책임감 때문이다. 한국인의 특성은 은근과 끈기라고 하는데, 나는 모든 일을 책임과 끈기로 해 왔다. 한번 맡은 일은 끝까지 책임을 지고, 어지간해서는 단념하지 않는다. 나는 아이티공화국에 대한 책임을 지닌 명예영사다. 앞으로도 지속적인 활동을 해서 아이티공화국의 성장을 도울 생각이다.

마을 사람들이 모여드는
공장 이야기

내가 겸임 교수로 있는 세종대학교 경영학과의 외국인 유학생들이 유유제약 제천공장을 방문했다. 나는 카자흐스탄, 우즈베키스탄 등에서 온 학생들에게 '재무 세미나'를 가르치고 있다. 이 과목의 커리큘럼 중 하나가 유유제약 제천공장을 방문해 최첨단 생산 설비와 작업 과정을 둘러보는 것이다. 이 학생들에게 한국의 선진화된 제약 시스템과 우수한 의약품을 보여 주고 싶어 넣은 수업이다.

나도 외국인 학생들과 함께 제천공장에 처음 방문한 사람처럼 견학을 했다. 공장을 둘러보면서 사람과 땅 사이에도 인연이 있다는 생각을 했다. 공장을 짓기 전까지는 제천을 그저 '강원도, 경상북도, 충청북도 3개도의 접경지대라 교통이 편리한 지역' 정도로만 알았다. 그런 제천이 이제는 나에게 고향처럼 가까운 곳이 되었다.

제천에 공장을 짓기 시작한 것이 2005년이다. 갑자기 안양공장 매각을 결정하면서 대체할 지역을 물색했다. 처음에는 서울과 가까운 오송생명과학단지를 점찍었다. 많은 제약, 바이오 기업들이 입주해 있고 식품의약품안전처, 질병관리본부 등 보건복지부 산하 기관 일부도 이전할 예정이라 입지적으로 유리할 것 같았다.

우리가 원하는 공장 부지는 환경이 깨끗하고, 교통이 편리하고, 확장 가능성이 있어야 했다. 안양공장을 운영해 보니까 나중에 사업이 성장했을 때를 대비해 여분의 땅을 미리 확보해 놓을 필요가 있었다. 오송은 우리가 원하는 조건을 충족시키는 지역이었다. 그런데 시기가 문제였다. 우리가 원하는 크기의 부지를 받으려면 2년 정도를 기다려야 했다. 안양시 측에서는 박물관을 꾸밀 시간이 필요하다며 우리가 빨리 이주해 주기를 원했다.

4장. 위대한 유산

그러던 중 제천시장이 편지를 보내왔다. "제천에 바이오밸리를 조성 중이니 유유제약이 꼭 제천으로 와 주셨으면 좋겠습니다" 하는 내용이었다. 우리가 공장 부지를 찾고 있다는 말을 어디에선가 들은 모양이었다. 제천시장은 회사로 나를 찾아와 제천바이오밸리를 소개하고 입주 시 혜택을 제시할 정도로 적극적이었다. 나도 제천이 점점 마음에 들었다. 애초 검토했던 오송에서 차로 30분 정도만 더 가면 되니까 교통도 그리 나쁘지 않았고, 자연환경이야 이루 말을 할 수 없이 좋았다. 땅 크기, 입주 시기도 잘 맞았다. 결국 제천으로 공장 이전을 결정하고 공사를 시작했다.

공장 설계자를 누구로 정할지 무척 고심했다. 아버지가 김중업 건축가에게 설계를 외뢰해 안양공장을 예술로 격상시킨 것처럼, 제천공장 역시 유유제약의 역사에 길이 남을 작품이어야 했다. 다가올 국제화 시대를 대비하고 향후 신약 개발로 해외 수출이 활발해지더라도 불편함이 없을 공장을 짓기 위해 국제 감각이 있는 건축 전문가가 좋겠다고 판단했다. 제천공장 외관을 야마사키 코리아에 의뢰했고 제품 생산동은 유럽에서 제약 공장 건축 설계 경험이 많은 독일 설계사 쿠퍼만에게 의뢰했다. 일본 야마사키건축사무소는 9·11 테러로 사라진 미국 월드트레이드센터를 설계한 세계적인 회사다.

나는 건축가와 담당 직원들을 모아 놓고 제천공장을 짓는 원칙을 제시했다. '글로벌 시대에 맞게 완벽한 생산 설비와 철저한 품질 관리 시스템을 도입한다', '청풍명월의 고장 제천의 자연환경과는 좌청룡 우백호 자리가 잘 어우러지고 건축 자체가 문화예술적 가치를 지녀야 한다', '내부 시설은 공장에서 생활하는 직원들이 편리하고 행복할 수 있어야 한다'는 세 가지였다.

나와 유유제약 직원들은 안양공장을 통해 건축물이 가지는 사회적 의미를 충분히 경험했다. 좋은 건축물은 최상의 기능을 발휘할 뿐 아니라 지역 주민들에게 자랑이 되어야 한다. 또 그 건물 안에서 생활하는 직원들이 행복해야 한다. 예전 안양공장 안에는 호텔 사우나 못지않은 샤워 시설이 있었다. 당시만 해도 각 가정의 목욕 시설이 변변치 않았기 때문에 일주일에 한 번 대중목욕탕에 가서 씻는 것이 중요한 나들이였다. 아버지는 안양공장에 최상의 목욕 시설을 지어 직원들이 일을 하고 난 후 깨끗이 씻고 퇴근할 수 있도록 해 주었다. 유유제약 직원들에게 행복을 만들어 주셨다.

제천공장을 지으면서도 공장에서 일하는 직원들에게 행복을 주고 싶었다. 공장을 기능적으로만 본다면 가장 적은 비용으로 가장 높은 생산성이 나오도록 지으면 그만이다. 그러나 나는 생각이 달랐다. 사람이 사는 이유가 무엇인가? 사람은 평생토록 행복하려고 열심히 일하고 돈도 버는 것 아니겠는가? 그렇다면 하루 일과의 대부분을 보내는 직장 생활이 즐거워야 한다. 종업원이 행복해야 기업의 생산성이 높아진다. 직원들이 회사를 좋아하면 물건 하나를 만들어도 정성을 기울여 불량률이 줄어드는 법이다.

제천공장을 지을 때 자금 사정이 넉넉한 편이 아니었다. 안양공장을 시세보다 저렴하게 팔았기 때문에 공사비가 빠듯했다. 그렇지만 직원들의 복지 시설을 짓는 데는 돈을 아끼지 않았다. 내가 할 수 있는 범위 내에서 가장 좋은 선택을 해서 직원들의 만족도를 높였다. 공장에 축구장, 테니스장, 체력 단련실을 만들었다. 골프를 칠 수 있을 만큼 넓은 잔디밭과 나무가 우거진 중앙정원은 한 폭의 풍경화를 보는 것처럼 청량하다. 공장 한쪽에 인공 연못을 조성해 직원들의 정서 안정을 도왔다. 직원들의 취미 활동도 적극 지원한다. 볼링, 골프, 당구, 산악반 등의 여가 활동 모임을 장려해 직장 생활의 즐거움을 더해 주고 있다.

유유제약 제천공장은 일반적인 제약 회사 공장과는 확연히 다르다. 외관만 보면 공장이라기보다는 박물관이나 미술

관으로 착각할 만큼 독특하다. 제천공장의 외관은 일률적 형태가 아니라 마치 블록을 자유롭게 끼워 놓은 것처럼 입체적이다. 건물 외관에 붙인 소재는 독일 알칸사에서 특수 생산한 알루미늄 패널이다. 벽면이 입체 모양이기 때문에 태양의 움직임에 따라 건물이 다른 빛깔, 다른 형태로 보인다. 청풍명월의 고장 제천의 깨끗한 자연환경과 조화를 이루는 색감을 선택했다.

생산과 품질 관리는 우수 의약품 제조 및 품질 관리 기준인 KGMP(Korea Good Manufacturing Practice) 기준을 맞추면서 앞으로 신약 개발과 해외 수출이 증가할 것에 대비했다. 미국의 cGMP(current Good Manufacturing Practice)와 유럽의 EU GMP(European Union Good Manufacturing Practice) 기준을 충족한 생산과 품질 관리 시스템을 갖추고 있다.

생산동은 철저한 품질 관리 원칙을 적용했다. 벽면과 천장에 분진이 달라붙지 않도록 정전기 방지용 패널을 사용했다. 조명 기구를 천장 내부에서만 교체하도록 설치해서 외부 오염 물질 발생을 최소화시켰다. 모든 생산 공정과 제품 관리, 품질 관리, 배송 체계를 전산화했고, 중앙 제어 장치를 통해 생산 환경을 365일 모니터링한다. 복도에서도 작업 환경을 모두 들여다볼 수 있도록 대형 유리로 벽을 만들어 생산 공정의 투명성을 확보했다. 외부인 견학 통로를 별도로 마련하여 외부 오염 유입을 예방하고 있다. 제천공장은 6만 5,993.2제곱미터(약 2만 평) 대지에 전체 부지의 3분의 1 정도 인 5,000평 규모로 건축을 했다. 사업 확장에 맞추어 공장을 증축할 수 있도록 여분을 남겨 두었다.

요즘 유유제약 제천공장 대강당에서는 직원 가족 초청 행사와 지역 주민들의 행사가 종종 열린다. 외부 인사 강연도 있고, 문화 행사도 열리고 있다. 300여 명이 들어가는 대강당 이 고급스럽다는 소문이 나면서 지역 주민들의 요청이 많았 다. 원래는 직원들이 신청하면 개인 용도로 사용을 허락했는 데, 기꺼이 지역 주민들을 위해서도 대강당을 열었다. 제천 지 역 주민이면 누구나 사용 신청할 수 있고, 사용료는 무료이다.

세상에 혼자 빛나는 별은 없다. 별은 다른 빛을 받아 반 사하면서 빛을 낸다. 건물도 혼자 빛나지 않는다. 아무리 아 름다운 건물도 사람이 모이지 않으면 영혼 없는 껍데기에 불 과하다. 건물은 사람들이 모여들어 북적거릴 때 가장 빛난다. 제천의 랜드마크가 된 유유제약 공장에 사람 사이의 따뜻한 정이 강물처럼 영원히 흐르기를 바란다.

에필로그

이 책을 쓰기 시작한 것은 '자의 반 타의 반'이었다.

　지난해부터 유원상 대표에게 경영을 맡기면서 한창 일할 때보다 상대적으로 여유가 생겼다. 그 시간을 나와 유유제약 직원들에게 의미 있는 일로 사용하고 싶었다. 그러던 중 주변 사람들이 '그동안 했던 일을 글로 써 보면 어떻겠느냐?'고 했다. 특히 아들 원상과 딸 경수가 "아버지의 삶이 유유의 역사"라며 적극 권했다.

지난 30년간 나는 일만 하며 살았다. 언제나 뚜렷한 목표 의식을 가지고 업무를 했고, 내가 가진 모든 역량을 회사에 쏟아 부었다. 경영을 맡은 이후 나의 미션은 유유제약의 생존과 발전이었다.

물론 기업의 외형을 더 키우지 못한 아쉬움도 있다. 생존의 위협을 받은 시절을 겪으면서 나는 무작정 규모를 늘리기보다는 다이아몬드 같이 내실 있는 기업을 만드는 방향으로 경영을 했다. 앞으로 유유제약이 100년, 200년 영속하면서 외형적 성장까지 겸하는 과제는 유원상 대표를 포함한 다음 세대들이 이루어 주기를 부탁한다.

글을 쓰다 보니 내 자랑처럼 들리는 내용도 있어 망설여지기도 했다. 하지만 내가 했던 일을 과장 없이 기록하려 애를 썼고, 남들이 가지 않은 길을 먼저 가려고 노력하며 살았던 것은 분명하니 독자들이 이해해 줄 것이라 믿는다.

이 책을 통해 유유제약이 얼마나 깊고 튼튼한 뿌리를 내린 기업인지 느낄 수 있기를 바란다. 나의 진심과 성심에 공감해 주었으면 좋겠다. 젊은이들에게 '도전하면 이룰 수 있다'는 용기와 희망의 동기 부여를 해 줄 수 있다면 이 책을 쓴 보람이 커질 것이다.

유유제약이라는 소중한 사회적 자산을 물려주신 아버지

유특한 회장과 어머니 고희주 여사에게 존경의 인사를 드린다. 오늘날의 '유승필'을 있게 한 사랑하는 아내 윤명숙에게도 고마운 마음을 전한다. 그리고 78년 동안 유유제약과 함께하며 헌신해 준 전·현직 임직원들에게 깊은 감사와 함께 이 책을 바친다.

2019년 9월
유 승 필

아이 러브 유유

ⓒ유승필, 2019

2019년 9월 10일 초판 1쇄 인쇄
2019년 9월 19일 초판 1쇄 발행

지은이 유승필
펴낸이 박해진
펴낸곳 도서출판 학고재
등록 2013년 6월 18일 제2013-000186호
주소 서울시 마포구 새창로 7(도화동) SNU장학빌딩 17층
전화 02-745-1722(편집) 070-7404-2810(마케팅)
팩스 02-3210-2775
이메일 hakgojae@gmail.com
페이스북 www.facebook.com/hakgojae

ISBN 978-89-5625-383-1 03320

• 이 도서의 국립중앙도서관 출판예정도서목록(CIP)은 서지정보유통지원시스템 홈페이지
  (http://seoji.nl.go.kr)와 국가자료종합목록 구축시스템(http://kolis-net.nl.go.kr)에서 이용
  하실 수 있습니다. (CIP제어번호 : CIP2019035044)
• 이 책은 저작권법에 의해 보호를 받는 저작물입니다. 이 책에 수록된 글과 이미지를
  사용하고자 할 때에는 반드시 저작권자와 도서출판 학고재의 서면 허락을 받아야 합니다.
• 잘못된 책은 구입한 곳에서 바꿔드립니다.